大学体育课的改革、创新与实践

—— 合肥学院体育俱乐部改革十年

蔡敬民　张文兵◎主编

北京师范大学出版集团
安徽大学出版社

图书在版编目(CIP)数据

大学体育课的改革、创新与实践：合肥学院体育俱乐部改革十年/蔡敬民,张文兵主编. —合肥:安徽大学出版社,2014.10
ISBN 978-7-5664-0853-2

Ⅰ.①大… Ⅱ.①蔡… ②张… Ⅲ.①高等学校-体育运动-俱乐部-概况-合肥市 Ⅳ.①G812.1

中国版本图书馆CIP数据核字(2014)第247417号

大学体育课的改革、创新与实践
——合肥学院体育俱乐部改革十年

蔡敬民　张文兵　主编

出版发行：	北京师范大学出版集团 安 徽 大 学 出 版 社 (安徽省合肥市肥西路3号 邮编230039) www.bnupg.com.cn www.ahupress.com.cn
印　　刷：	合肥远东印务有限责任公司
经　　销：	全国新华书店
开　　本：	170mm×240mm
印　　张：	11.75
字　　数：	160千字
版　　次：	2014年10月第1版
印　　次：	2014年10月第1次印刷
定　　价：	48.00元
ISBN 978-7-5664-0853-2	

策划编辑：朱丽琴　马晓波		装帧设计：李　军　金伶智	
责任编辑：马晓波　朱　楠		美术编辑：李　军	
责任校对：程中业		责任印制：陈　如	

版权所有　侵权必究
反盗版、侵权举报电话：0551—65106311
外埠邮购电话：0551—65107716
本书如有印装质量问题,请与印制管理部联系调换。
印制管理部电话：0551—65106311

国家体育总局局长刘鹏（一排右三）在合肥学院观看四体会门球比赛

安徽省教育厅体卫艺处处长陈钦（左一）受大体联官员委托向合肥学院授牌，时任副院长蔡敬民接牌

蔡敬民书记在安徽省首届高校体育校长论坛上发言

前国家女排主攻手杨昊（左二）与合肥学院志愿者交流

中央电视台记者对合肥学院体育俱乐部进行报道

国家队男子重剑主教练王骑兵(左一)来合肥学院现场指导,并与蔡敬民书记(右一)交流

国家女子重剑奥运冠军孙玉洁(左一)等访问合肥学院时,现场指导合肥学院击剑俱乐部会员

时任国家体育总局局长助理晓敏(左一)来合肥学院调研

时任国家体育总局局长助理晓敏(二排左三)、合肥学院党委书记蔡敬民(二排左二)、副院长丁明(二排左一)与四体会壁球比赛前三名代表队合影

四体会五人足球比赛在合肥学院体育馆举行　　合肥学院健美操队参加健美操比赛

合肥学院击剑俱乐部高级会员

合肥学院体育健身设施向社会开放，安徽省第六届男子篮球赛在合肥学院体育馆举行

合肥学院击剑队赴澳门参加澳门大学杯亚洲学生击剑精英赛

四体会上由合肥学院1200名学生组成的"广玉兰"美丽绽放在合肥奥体中心

合肥学院礼仪志愿者服务四体会

合肥学院瑜珈俱乐部会员表演

合肥学院健美操俱乐部会员表演

大学体育课的改革、创新与实践
——合肥学院体育俱乐部改革十年
编委会

主　编　蔡敬民　张文兵

副主编　陈　啸　丁　明　陈　秀

编　委　邵一江　许大庆　白义香　刘樟树
　　　　　余国江　董承军　朱　涛　李　军
　　　　　王　迅　江玉荣　汪文忠　汤　攀
　　　　　董成文　潇　潇

目 录

序 ·· 蔡敬民 / 1

思考探索篇

合肥学院公共体育课程俱乐部制改革探索 ·· 3
人的可持续发展与学校体育教学改革 ·· 12
课程理论视域下的大学体育俱乐部制改革 ·· 15
体育课程"一体化"对大学生体质影响的实验研究 ···································· 23

改革实践篇

在安徽省首届高校体育校长论坛上的讲话
　　——关于体教结合与高校高水平运动队建设工作的思考 ···················· 33
合肥学院关于进行公共体育课改革的决定 ·· 38
合肥学院体育俱乐部章程 ··· 39
合肥学院体育俱乐部一览表 ·· 46

十年坚守铸"剑魂"
　　——记合肥学院公共体育教学部击剑主教练戴清 …………… 47
春风化雨正当时
　　——记合肥学院瑜伽俱乐部指导教师汪虹 ………………… 52
躬亲任劳为人师　竭力潜心燃火花
　　——记合肥学院健美操俱乐部教师周瑞英 ………………… 57
心若灿烂艳阳　永驻刹那火花
　　——记合肥学院火花啦啦队队长张莎 ……………………… 62
偶然转身瞬间　一段别样年华
　　——记合肥学院机械工程系周盼 …………………………… 67
筑梦羽毛球　挑战无限可能
　　——记合肥学院旅游系曾执钧 ……………………………… 72
俱乐部随想 ……………………………………………………… 78
在俱乐部的日子里 ……………………………………………… 80
俱乐部,让我怀念 ………………………………………………… 82
感谢你,让我成长! ……………………………………………… 84

媒体印象篇

全国大学生击剑锦标赛落幕 …………………………………… 89
全国大学生击剑锦标赛落幕　合肥学院队勇夺六金 ………… 90
学子剑客 ………………………………………………………… 91
健康　快乐　美丽 ……………………………………………… 92
尊重学生个性选择,改革考核评价标准
　　——合肥学院成立14个体育俱乐部 ………………………… 93

戴清:一剑在手,尽抒合肥教育人豪情 …………………………… 94
我省多校试点招收高水平运动员 ………………………………… 95
合肥学院推行体育菜单式教学 ……………………………………… 96
合肥学院成为击剑教练员和裁判员培训基地 …………………… 97
合肥学院首实施大学体育俱乐部改革 …………………………… 98
"学生剑客"奥运欲冲金
　　——合肥学院大三学子黎国介入选奥运会男子击剑阵容 ………… 100
击剑运动已成校园时尚
　　——北大等四十余所高校开设相关课程 ……………………… 102
第四届体育大会门球项目测试赛在合肥学院举行 …………… 104
五人制足球中国国家队主教练法里纳现身合肥学院体育馆 … 105
合肥快乐"感染"老外球迷 ………………………………………… 106
国家体育总局局长检查合肥学院球赛场地 …………………… 108
奥运冠军杨昊与大学生互动 ……………………………………… 110
国家体育总局观摩团领导亲临合肥学院体育馆观看毽球比赛 … 111
合肥学院积极服务第四届全国体育大会 ……………………… 112
合肥学院实施体育俱乐部制　培养大学生"终身体育"能力 … 117
合肥学院学子获亚运会两银一铜 ……………………………… 120
安徽学子,"剑"指大运 …………………………………………… 121
合肥学院学子"剑"指大运会 ……………………………………… 124
江淮女侠鹏城亮剑
　　——大运会击剑选手来自合肥 ……………………………… 126
江晨阳剑挑合肥第二金 …………………………………………… 129
剑客的梦幻与现实 ………………………………………………… 131
第十五届亚洲轮滑锦标赛落户合肥　具有里程碑意义 ……… 133

亚洲轮滑赛月底开赛 ……………………………………………………… 135
第十五届亚洲轮滑锦标赛首场比赛在合肥学院顺利进行 ………… 136
亚锦赛参赛规模创纪录　盛志国：轮滑盛宴美轮美奂……………… 139
伦敦奥运女重团体冠军成员走进合肥学院过招校园高手 ………… 141
奥运女子重剑团体冠军与合肥学院同学分享夺冠心得 …………… 144
奥运冠军校园论剑 ……………………………………………………… 147
奥运冠军走进合肥学院 ………………………………………………… 149
安徽校园体育俱乐部化受欢迎 ………………………………………… 151
体育俱乐部让大学生动起来 …………………………………………… 152
"人生没有规定动作" …………………………………………………… 154
嗒—嗒嗒，节奏体语青春派 …………………………………………… 155
合肥学院学子全国摘多项大奖 ………………………………………… 157
化身剑客　晨报读者昨"过招"
　　——晨报击剑互动昨日举办，读者现场体验击剑 ……………… 158

丰硕成果篇

合肥学院体育俱乐部国际、国内比赛成绩汇报总一览表 ………… 163
合肥学院体育俱乐部改革大事记 ……………………………………… 176
后　记 …………………………………………………………………… 179

序

蔡敬民

  古希腊奥林匹斯山上刻着这样一句话:"如果你想变得睿智,跑步吧;如果你想健康,跑步吧;如果你想更加健美,跑步吧。"蔡元培也说过,"人的健全,不但靠饮食,尤靠运动"。长期运动量不足对我国青少年的健康造成了不良影响,国民体质监测结果显示,我国青少年体能素质落后于其他发展中国家。大学是学生步入社会前接受学校体育教育的最后阶段,大学体育课程是学校体育教育得以实施的重要载体,然而现行的课程体系虽然经过多年的改革,但其内容仍与实践脱节,教学模式和方法仍然单调、陈旧,与学生主体意愿存在较大差距,使得大学体育教育面临着巨大的挑战。作为一所在改革中诞生、开放中成长、创新中发展起来的高校,我们一直在反思体育教育形式与内容、内容与效果之间的关系,在大刀阔斧推进各专业学科教学改革的同时,也着手研究如何充分发挥体育教育在培养人才中的作用。

  改革是在审慎研究、认真调研的基础上进行的。根据党的教育方针和《国家中长期教育改革和发展规划纲要》,我们提出了全新的集教学、训练、竞赛、课外体育活动四位一体,课程教学与团学工作相互融合的大学体育俱乐部制改革方案,通过构建俱乐部平台,让每一个学生都能找到自己喜欢并能持之以恒的锻炼项目。目前合肥学院已成立20多个俱乐部,其中击剑俱乐部、健美操俱乐部、瑜伽俱乐部等涌出多名选手在国际国内各类体育赛事中摘金夺银,为学校赢得了荣誉。合肥学院体育俱乐部制改革得到了教育部、国家体育总局、安徽省教育厅的高度评价和充分肯定,先后获得合肥学院教学成果特等奖、安徽省教学成果一等奖,也引起众多媒体的关注,曾多次被深入报道宣传。但比起成绩和荣誉,让我们最为感动的,也是我们坚持的是,改革让普通学生享受到了运动带来的快乐并促进其成长。一个学生告诉我,在合肥学院的收获之一就是练习了四年的瑜伽,锻炼了健康的身体、培养了优雅的气质,还帮她结识了很多不同专业但有共同爱好的好朋友,最为重要的就是克服了她以前害怕上体育课的心理,让惧怕"跳马"和铅球项目的她发现原来自己也有运动天赋。

教育就是要帮助学生"在无数的生活道路中,找到一条最能鲜明发挥他个人创造性和个性才能的道路"。体育应是一种有助于树立信心、超越自我的教育方式,体育教育应着眼于塑造健全的人格,发展人的自主性和自觉性,培养人的创造才能,使人拥有一种高质量的生活方式,以达到人类自我实现的目标。从传统的体育课到形式多样的俱乐部,从千篇一律的上课形式到学生个性化选择,从单纯的体育锻炼到对学生素质的全面提升,我们秉持以上理念经历了十年的探索与实践,目标始终如一:培养德智体美全面发展的人。本书的出版是我们对以往这些经验的总结和思考,也是一次教育理念的推广和传播。我相信它的出版,将有利于广大高校体育教育工作者全面了解高校体育俱乐部改革的内涵,希望也能为其他高校体育教育改革提供参考,更期待与兄弟院校和有志之士深入探讨,共同将体育教育改革推向更高层次。

思考探索篇

合肥学院公共体育课程俱乐部制改革探索

许大庆[①] 余国江[②]

一、改革方案出台的背景

作为全面发展教育的重要组成部分,体育在学校教育中具有十分重要的作用。然而,在我国的学校教育中理应备受青睐的体育课却在青少年学生中遭到冷遇(高校也不例外)。始于20世纪80年代的学校体育教学改革在经历了"增强体质说"、"'三基'培养说"、"个性发展说"等几个阶段的思想解放和理论争鸣后,落实到体育教学上仍然深陷"学生爱体育而不爱体育课"的怪圈。而青少年学生中普遍存在的体育意识淡薄、运动能力不足、健康水平下降、意志品质薄弱、团队精神缺乏等现象则愈发令人担忧。

自20世纪90年代中后期,高校体育课程教学在"快乐体育"、"成功体育"、"终身体育"等新理念、新思想的引领下,一些高校一改以往

---

① 许大庆,合肥学院公体部副主任。
② 余国江,合肥学院发展规划处副处长。

"什么都教,什么都教不好"的"万金油式"的体育教学,推出了由学生自主选择内容、自主选择时间、自主选择教师的"三自主"俱乐部式教学。然而,由于缺乏系统的理论研究作为支撑,改革一开始便饱受诟病,究其原因:一些高校将体育俱乐部等同于过去的专项体育课,俱乐部改革名存实亡;一些高校则将体育俱乐部简单地等同于"学生体育社团",从而弱化了体育课程教学和教师在学校体育中的中心地位和主导作用。更重要的是,高校体育工作非但没有得到加强,有些地方甚至被削弱。

2005年,以"地方性、应用性、国际化"为自身办学定位的合肥学院在大刀阔斧推进各专业学科教学改革的同时,开始着手研究充分发挥学校体育在培养应用型人才中的作用的问题。在对日渐式微的高校体育俱乐部改革进行认真研究的基础上,大胆创新,提出了全新的集教学、训练、竞赛、课外体育活动四位一体,课程教学与团学工作相互融合的大学体育俱乐部制改革。经过几年的探索和实践,改革取得了明显成效。

二、改革的指导思想与基本思路

(一)指导思想

坚持"以人为本、健康第一,面向全体、团队学习",着眼于学生的全面发展和未来发展。转变教育观念和管理理念、优化整合教育资源,实现大学体育课程教学内容个性化、教学形式多样化、教学安排生活化、教学评价过程化、教学管理网络化、课内课外一体化。努力培养学生"终生体育"的意识和能力,使其养成经常参加体育锻炼的习惯。

"以人为本,健康第一"并非一句空洞的口号,它应该体现在大学体育教学与管理的全过程。具体来说,就是要尊重学生个性、尊重个体差异、尊重学生人格。不仅要关注学生的身体健康,正确认识健康水平和运动素质的关系,还要关注学生的心理健康,培养其良好的社会适应性和道德意识。

"面向全体、团队学习",即俱乐部要为全体学生提供与其能力水平相适应的学习、锻炼机会,努力实现大学体育"四年不断线"。同时,要克服"就体育论体育"的传统思维模式,突出团队学习与评价,努力培养学生良好的个人品质、团队精神和社会适应性。

(二)基本思路

基本思路如下:

思路之一:构建大学体育教学、课余训练、体育竞赛、课外体育活动"四位一体"的大学体育课程教学平台,实现课内课外一体化。

核心理念:对原本非课程性质教学的内容、环节进行课程化改造。重点对除教学以外的传统意义上的课余训练、运动竞赛、课外体育活动等进行课程化改造。

思路之二:克服体制障碍,打破"教学工作"与"学生工作"界线,成立兼具教学与社团双重属性的体育俱乐部。

核心理念:落实"教学工作中心地位";强调学工队伍要树立"大教学意识",教师队伍要树立"大课程意识"。

思路之三:"三级会员、四个层次"。即将学生按专项体育兴趣、技能划分为四个层次。无明确兴趣指向、运动基础较弱的学生为第一层次;有明确的兴趣指向、运动基础较弱的学生为第二层次;单项运动兴趣高、运动基础较好的学生为第三层次;单项运动兴趣高、运动技能水平较高的学生为第四层次。俱乐部对第一层次学生通过开设相应的单项体育基础课程(又称"准会员"课程)培养他们的兴趣和基础。将第二、三、四层次学生分别划分为初、中、高级会员,通过开展俱乐部活动、训练、竞赛、讲座等高级课程提高他们的运动兴趣、技能水平和综合素养。各等级会员的加入均以学生自愿为原则。初级会员在场地条件允许的情况下,只需申请不需考核即可加入;准、初级会员在系统学习某项目一学期后即可申请并通过考核成为俱乐部中级会员;特招高水平运动员、等级运动员无需考核可直接申请成为相应俱乐部中、高级会员。

核心理念:大学体育应该为大学生提供一个在不同基础上随着体育课程的学习,兴趣水平不断提高、运动技能不断上升、健身习惯不断养成的通道,实现大学体育向终身体育的转变。

思路之四:在对课余训练、运动竞赛、课外体育活动进行课程化改造的同时,力求活动形式多样化和俱乐部化(即人人都有机会),以创建俱乐部文化,营造浓厚的俱乐部氛围,增强俱乐部凝聚力。

核心理念:使学生(会员)在"成功与失败"的愉快体验中学习,感受伙伴的友爱、团队大家庭的温暖。

三、改革的主要内容

1. 教学安排生活化。俱乐部将教学、训练、竞赛、辅导等活动的时间安排最大限度地融入学生的日常生活,以便于形成学生良好的健身习惯;要充分体现设计安排的人性化,如根据季节以及气候的变化灵活调整俱乐部活动的地点与时间。

2. 教学内容个性化。俱乐部会员可根据自身条件、运动基础对体育课程的内容进行个性化选择。其中,俱乐部可对运动基础较好的中、高级会员开具相应的学习菜单供他们学习。

3. 教学形式多样化。俱乐部课程教学不局限于传统体育课的形式,将晨练、训练、竞赛、活动的指导、辅导、讲座等均纳入教学范畴;训练、竞赛不再是校体育代表队少数"体育精英"们的专利,中、高级会员将有展示自己体育特长的机会。

4.教学管理网络化。借助校园"一卡通"和计算机管理系统对全院学生参加俱乐部课程学习情况和各种体育活动的情况进行有效监控与管理。

5.课内课外一体化。通过搭建俱乐部活动平台,使原来彼此相对独立的大学体育教学、课余训练、竞赛以及课外体育活动等形成有机统一的整体,最终服务于大学体育课程总体教学目标。

6.教学评价过程化。淡化对学生运动素质的甄别,强调对学生体育学习过程的监控。注重对学生学习态度、进步幅度、俱乐部各类活动的参与度、体育道德与团队合作精神的评价。

四、课程设置

1.一、二年级不愿加入俱乐部的学生(即准会员)及初级会员必须每学期选修一门俱乐部准会员课程;共20个单项体育俱乐部课程,2学时/周,共32学时。初级会员参加俱乐部活动可获得体育课加分。

2.一、二年级中、高级会员通过参加俱乐部组织的训练、竞赛、讲座等活动课程,通过考核可获得相应的学分。20个单项体育俱乐部课程,平均每周8学时以上,共128学时(个别俱乐部如篮、排、足球除外)。

3.三、四年级初、中、高级会员可向俱乐部申请素质教育学分。

4.一、二年级学期考核评价,2学分/学期,共8学分;三、四年级学年考核评价,1学分/学年,共2学分。

五、组织和管理

(一)组织架构

组织架构和人员构成突出俱乐部集教学组织和社团组织的双重属性,充分体现"学生为主体,俱乐部为主导"的俱乐部课程教学理念。具体如下：

1. 公体部下设体育俱乐部管理中心、体育场馆管理中心。

2. 体育俱乐部管理中心下设教研室、训研室、体测室、学生体育俱乐部联盟。教研室、训研室、体测室主要负责制订准会员课程教学计划、指导俱乐部各等级会员课程活动方案的制订和计划实施；俱乐部联盟主要由学生干部构成，下设办公室、宣传部、实践部、财务部等机构，负责传达俱乐部管理中心布置的各项工作、检查落实完成情况、管理俱乐部财务、组织俱乐部联盟大型活动等；体育场馆管理中心主要负责统筹协调各俱乐部场馆使用需求，保障俱乐部活动的正常开展。

3. 俱乐部管理中心主任由校体育部负责人兼任；体育场馆管理中心主任由体育部办公室主任兼任；俱乐部联盟主席在俱乐部学生干部中选举产生；俱乐部主任、主任助理、下属各部门委员在各俱乐部会员中选举产生。

（二）管理模式

管理模式由以单项运动"教研室为中心"向以单项运动"俱乐部为中心"转变。各单项运动俱乐部下设宣传部、活动部、培训部、外联部、后勤部，在俱乐部管理中心指导、俱乐部联盟领导下，独立地组织开展教学、训练、竞赛、举办讲座和宣传等活动。

1. 俱乐部管理中心由公体部、教务处、学生处、团委、院学生会相关部门人员组成，统一管理、指导各俱乐部开展教学、辅导、训练、竞赛等活动。教研室主要负责俱乐部准会员课程教学大纲的制订，初、中、高级会员教师指导；训研室主要负责指导各俱乐部承办学院各项院系联赛、俱乐部内部联赛等赛事的策划与组织；体测室主要负责监测准、初、中、高级会员体质健康状况，为各俱乐部改善或提高学生体质健康水平提供咨询；学生体育俱乐部联盟主要负责协助俱乐部管理中心指导管理下属的20个体育俱乐部,协助场馆管理中心整合利用场馆资源。

2.俱乐部:根据合肥学院目前所开设的体育课程成立相应的体育俱乐部,如篮球俱乐部、排球俱乐部、足球俱乐部、网球俱乐部、乒乓球俱乐部、健美操俱乐部、健美俱乐部、武术俱乐部、跆拳道散打俱乐部、击剑俱乐部、体育舞蹈俱乐部、定向运动与野外生存俱乐部、瑜伽俱乐部、健身跑俱乐部等。俱乐部管理中心可根据学生要求,在体育场地、器材、师资条件允许的情况下成立新的体育俱乐部。也可在条件尚未完全具备、学生要求的情况下成立"准俱乐部"(等同于过去的单项体育协会,但不承认学分)。

3.俱乐部会员:俱乐部实行三级会员制,即初级会员、中级会员、高级会员。俱乐部管理干部一律从中、高级会员中产生。

4.俱乐部教练:由公体部大学体育教研室教师、外聘教师、教练员、高水平运动员担任;助理教练由俱乐部中、高级会员担任。

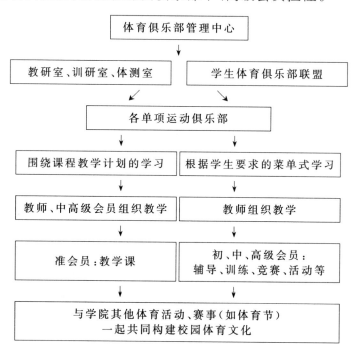

体育俱乐部管理模式示意图

六、教学考核

(一)会员考核标准制定

由教研室会同各课程负责人,在充分征求各俱乐部意见后研究制定,经公体部审核后执行。准、初级会员重点对学生的学习过程、参与度、成长性和健康素质进行考核;中、高级会员重点对其与俱乐部融合度、体育道德和团队精神等进行考核。

学院通过奖励学分的办法鼓励更多更优秀的、有运动天赋的学生加入院体育代表队,为学院争光。对于文化基础较弱的特招高水平运动员学生,也可以此激励他们刻苦训练,取得优异成绩。

(二)教师、教练员评价方法

主要通过学生网上评教、同行专家听课等进行评价。网上评教重点评价教师施教亲和力、专业素养和敬业精神等。

七、改革取得的成效

经过 10 年的改革与发展,合肥学院体育俱乐部已由最初的 14 个发展为 20 个。现有准、初级会员 7000 余人,中级会员 2000 余人,高级会员 400 余人。通过构建俱乐部平台,学校体育教学基本实现了"教学内容个性化、教学形式多样化、教学安排生活化、教学管理网络化、教学评价过程化、课内课外一体化"的目标。学校体育教学、训练、竞赛、课外体育活动"四位一体",群众性体育活动、竞赛蓬勃开展,水平逐年提高,呈现出健康、可持续、良性发展的态势。仅 2011 年俱乐部就开展各类活动、竞赛 1000 多场/次;各类参赛队 160 多个;各类活动累计观众45000 余人次。全院学生参与体育锻炼、竞技的热情空前高涨。自

2005年至今,学校参与国际国内各类体育赛事共获金牌55枚、银牌41枚、铜牌45枚。学院击剑俱乐部高水平运动员入选国家队获得北京奥运会男子重剑团体第4名、广州亚运会击剑比赛2银1铜、2011年亚锦赛1银2铜,2011年世界杯卡塔尔站比赛金牌1枚;健美操俱乐部啦啦队多次获得全国大赛第2、3名;瑜伽俱乐部首次组队便获得由国家体育总局主办的第二届全国绿色运动健身大会瑜伽男子单人赛冠军。2007年,学院被教育部大学生体协击剑分会指定为华东地区教练员、裁判员培训基地和中国大学生体协击剑分会安徽省秘书处。

合肥学院体育俱乐部制改革得到了教育部、国家体育总局,安徽省教育厅、体育局以及兄弟高校领导和专家的高度评价和充分肯定,先后获得合肥学院教学成果特等奖、安徽省教学成果一等奖。近百所高校来院考察、交流。

人的可持续发展与学校体育教学改革

许大庆[①]

科学发展观落实到人的发展上实质上就是人的全面发展,而人的全面发展的真义就是人的可持续发展。"可持续发展"一词始见于1987年世界环境与发展委员会发表的报告《我们共同的未来》,其概念为"既能满足当代人的需求,又不损害子孙后代能满足他们的需求的发展模式"。最初,可持续发展所针对的只是全球性的人类生存环境的恶化和严重的资源短缺。它呼吁人们要处理好人与自然的关系,有节制地开发和利用自然资源,不要以牺牲自己的未来为代价来换取今天的利益。

"可持续发展"一经提出,就得到国际社会的广泛赞同,被广泛应用到经济、科技、文化等领域。教育界对此也反响强烈,提出了"人的可持续发展",即指人们通过一定时期的教育,既能适应当时社会的需要,又能保证其身心和谐、均衡、持久的发展力不受损害的发展。从关注人类生存环境到关注人自身生命状况,可以说,人的可持续发展的提出实现了发展理论的一次飞跃。

[①] 许大庆,合肥学院公体部副主任。

作为一种全新的发展观,人的可持续发展源于人们对传统教育中所存在重大问题的反思,着眼于受教育者一生的发展,告诫人们,不可持续发展的教育无异于对人精神世界的"乱砍滥伐",最终只会使发展失去持久的推动力,注定是失败的教育。我国的学校教育历来强调人的全面发展。毫无疑问,真正全面发展的人必然具备可持续发展的能力,学校教育要促进包括身心素质在内的人的全面发展,实质上就是促进人的可持续发展。然而,长期以来,由于受到将"增长"等同于"发展"的传统发展观的影响,客观上使全面发展变成了只重视某种眼前指标的增长而忽视长远发展的短期行为。结果往往在是否真正得到发展的问题上似是而非,甚至事与愿违。因此,在努力深化教育教学改革、提高教学质量的今天,提出教育领域的人的可持续发展无疑具有十分重要的意义。

体育作为人的全面发展的组成部分在学校教育中占有十分重要的地位。针对学校体育中存在的种种问题,从20世纪80年代初开始,我国的学校体育工作者就开始了一场旨在更有效改善学生的体质结构,促进国民身体素质提高的学校体育改革。其中,以体育教学改革最为引人注目,提出了以"快乐体育"、"成功体育"、"终身体育"为主导的几种学校体育教育思想,教学实践也较以往更加重视学生主体作用的发挥。但由于受到传统发展观的影响,从总体上看,改革的成效不大。改革在更多的时候只是做表面文章,较少触及学生的心理层面。有资料表明,学生对体育课的兴趣,随学段升高而呈递减趋势。大学三、四年级由于不开设体育课,学生的体质较开设体育课的一、二年级有明显的下降。学生普遍热爱体育运动,但不喜欢体育课。上述这些现象令人担忧。它反映的是学生在即将跨出校门、走向社会时的体育的兴趣、意识和能力的水平。而这些不仅仅是他们在学校教育阶段确保身心健康所必需的,也是确保其一生身心健康可持续发展的动力基础。长期以来,学校体育教学只重视育体而轻视育心所造成的问题已成为培养学生终生体育意识的障碍。这种状况如不彻底改变,必将损害学生的身心健康发展,甚至祸及健全人格的形成,造成更加严重的后果。

21世纪,国际竞争更趋激烈,国与国之间的竞争归根结底还是人才的竞争。知识爆炸、信息化、全球化使得人们不可能一劳永逸地获取知识。学校教育要适应社会发展的需要,培养出高素质的人才,就必须教会学生如何学习,如何去适应不断变化的社会生活,即教会他们如何生存,这其中自然也包括教会他们如何拥有健康的身体和心理,从而有能力、有信心迎接未来社会的各种挑战。在这种情况下,体育教学只能着眼于人一生的可持续发展,去培养学生的体育兴趣,及其终身参加体育锻炼的意识、习惯和能力,并借此形成他们积极健康的生活方式、乐观向上的生活态度、健全的人格。

为使体育教学朝着有利于学生身心健康可持续发展的方向发展,学校体育工作者的当务之急应该是更新发展观念,致力于构建一种能充分体现人的身心和谐发展、育体与育心并重的体育教学模式。这种教学模式在教学思想上应该是"终身体育"的,是突出对学生体育兴趣、体育观念、体育意识、体育情感、体育能力和习惯培养的养成教育;在目标制定上应该是有一个层层递进的目标体系,最终培养出热爱体育、能终身参加体育锻炼的人;在教学内容的选择上应该是充分尊重学生的兴趣、意愿。具体安排时能与学生身体素质发展敏感期相适应;在有关体育理论教学上应能与学生认知水平相适应;在教法运用上应该是允许学生进行个性化学习,即允许他们以自己喜欢的方式学习;在组织措施上应该灵活多变、不拘形式,要有利于营造一种宽松和谐的学习氛围;在教学评价上应该注重过程评价而非目标评价,使每一个学生都能体验到成功学习的乐趣。事实上,只有这种全方位的体育教学改革的实施,体育教学乃至整个学校体育才能避免出现如前所述的种种尴尬局面,真正成为人的可持续发展的教育基础的一部分。

课程理论视域下的大学体育俱乐部制改革

许大庆[①]

我国高校体育俱乐部制教学改革始于20世纪80年代初,在经历了一个"短暂的繁荣"之后,其在高校的发展日渐式微。造成高校体育俱乐部发展出现波折,甚至招致诟病的原因是多方面的,其中最主要的原因还是在于当时对俱乐部这一新生事物之于高校体育教学和实现体育教育目标的价值认识不足、研究不深。表现为俱乐部实践在缺乏足够理论指导下的自我迷失。

一

从某种意义上说,改革之初所提出的"大课程观"解决的仅仅是体育教学俱乐部在高校教学中的"合法性"问题,而对俱乐部模式下体育教学课程论研究的缺失则导致了在相当长的时间内,大学体育俱乐部发展裹足不前,饱受诸如"华而不实"、"花架子"以及"形式主义"的责难。这里也不排除由于当时人们对高校体育俱乐部所抱有较高期待的

[①] 许大庆,合肥学院公体部副主任。

可能。时至今日，一些高校仍旧沿袭改革初期的"体育课加课外俱乐部"模式，也就无怪乎人们质疑：高校体育俱乐部改革岂不是又回到了"高校体育教学、训练、竞赛以及课外体育活动一体化"的原点。的确，"一体化"本身所反映的即是"大课程观"。"课程一体化"是手段，掌握课程内容、实现课程教育目标才是目的。如果俱乐部是独立于课程教学之外、改头换面了的学生体育社团，那么，被质疑也就不足为怪了。

我们认为，作为在体育教学改革中诞生的大学体育俱乐部首先必须是课程性的，必须与课程教学有着密切的、本质的联系。俱乐部活动必须高度融入充分尊重学生个性选择的大学体育课程教学内容，而不只是担当"大课程观"下隐性课程的角色。对大学中那些非课程性质体育俱乐部（更准确地说是学生体育社团）的研究应侧重于对其进行课程化改造，直接服务于课程教学。目前，将大学体育俱乐部三分天下为"课内俱乐部"、"课外俱乐部"、"课内外一体化俱乐部"的做法，从另一个侧面反映了我们对大学体育俱乐部认识上的混乱，影响了我们对这一全新课程教学模式更深入的研究。

二

课程意识淡薄和理论研究缺乏深度是对大学体育课程教学俱乐部制褒贬不一的主要原因。课程理论认为，任何一种教学模式的形成都必须符合课程编制的要求。一个完整的课程编制必须包括课程目标的确定、课程内容的选择与组织、课程实施和课程评价等。由于我们对确定课程目标的依据没有足够的认识和研究，导致在实际教改或教学中无视既定课程目标的现象经常发生。无论是课程目标的制定者（学科专家）还是课程目标的实践者（教师），他们往往都有一种强调本门学科本身的特殊功能，而弱化本门学科一般教育功能的倾向。这就造成由学科专家提出的课程目标或由专业教师提出的教学目标经常过于专业化,而使课程或教学目标变得不切实际。例如,教育部《全国普通高等学校体育课程教学指导纲要》中关于"运动技能培养目标"就要求学生"熟练掌握两项以上健身运动的基本方法和技能"。在实际教学中往往演变为对普通大学生进行专业化教学,强调技术动作的高标准、高质量,教学评价也趋于严苛。教学改革中诸如"淡化甄别与选拔"、"强化激励与发展"的新教学理念得不到真正的落实。另外一种现象是:将不具有课程性质、没有明确课程目标的所谓"课外体育俱乐部"牵强地赋予课程性质并把它作为课程教学改革的研究对象,从而出现如前所述的种种乱象。我们认为,课程目标是课程编制的关键准则,是指导、实施和评价课程的基本依据。没有明确、严谨陈述的课程目标,也就没有教学目标,更遑论教学改革。

此外,对"教学"和"课"的认识的僵化,也是改革中经常出现的问题。我们认为,要解决这一问题就必须厘清教学环节与实践环节的区别。从课程教学各环节的功能划分看,教学环节的重点是建构学生的知识体系,而实践环节的重点则是建构学生的能力体系。实践环节是学生将教学环节中所获得的知识转化为能力的必由之路。尽管体育有着不同于其他学科的特点,但作为大学的必修课程,大学体育也有着与其他学科课程共同的对教育教学的基本要求。长期以来,把体育课一分为二为"实践课"和"理论课"两个部分误导了很多研究者。一种普遍或者说潜意识的观点是:体育课中的实践课本身就是它的实践环节。持这种观点的人通常都会对体育课的健身价值有过高的期待,同时,对俱乐部教学改革中出现的一些课的形式表示不屑,从而形成阻力。

通过研究我们发现,很多改革中出现的问题均与课程实施有关。必须认识到"课程实施"并不意味着"课程采用"。从 2002 年教育部颁布《指导纲要》至今已经有 10 个年头,"三自主教学(自主选择教师、自主选择项目、自主选择时间)"在大多数高校没有得到真正意义上的实施就是一个明证。一般来说,影响课程实施的因素有以下几个方面:一是课程计划本身有问题,需要完善;二是课程编制者与实施者之间交流不够,影响实施者对课程计划的认识和理解;三是对课程实施的组织领导存在问题,使教师对新课程教学模式产生抵触情绪,不积极参与;四是忽视对教师进行有关实施新课程教学模式的技能、方法、策略的培训,使教师难以适应。而事实上,我国高等教育改革的不断深入推进,教育观念、管理理念的不断更新,管理措施的不断到位,管理效率的不断提升,使得上述因子对课程实施的影响力相对减小,反而是现行的高校内部管理体制、相关制度本身对类似"体育俱乐部制"、"三自主教学"等强调学校大系统内整体协调的改革影响较大。近些年来,高校教育教学管理工作中所暴露出的教师队伍的"大教育观"和学工队伍的"大教学观"不足的问题,突显了高校内部管理体制本身与高校人才培养要求之间的矛盾。高校内部管理将原本完整的教育教学人为地划分为教学部门和学生工作部门两大块,带有明显的计划经济时代的烙印,也导致了高校教育教学改革在诸多涉及资源重组的领域困难重重,次生的困难包括管理体制、分配制度、管理模式等人为的障碍。因此,强调改革的顶层设计,突破体制机制障碍,建立合乎人才培养根本要求的现代大学制度势在必行。

  关于课程评价最突出的问题是:习惯于应试教育的中国大学生对体育俱乐部这种人文化的课程评价形式表现出很大的不适应。一部分学生因"压力"小而不愿学习,也不知道如何利用俱乐部平台开展学习。这在一定程度上给对俱乐部课程教学持反对意见的人提供了所谓的"根据",反过来也暴露出我们在教学改革中缺乏系统的理论思考。教学中缺少或忽视培养学生正确的体育观、引导他们积极参加体育锻炼、学会制定个人健身计划、健身策略、培养文明健康的生活方式等内容。进而提出了兼顾非学术性评价指标(如学习态度、合作意识、团队精神、对他人的尊重等)和《大学生体质健康标准》的新的体育课程教学评价模式的设想。

综上所述,高校体育要真正实现跨越式发展,必须与时俱进,用科学发展观指导改革的理论与实践。要努力克服因"俱乐部"理论与实践环节缺失而导致的观念滞后。在悉心研究的基础上,大胆创新,从更为宏观的视角研究探索体育俱乐部改革问题。不仅要明确其课程目标、解决课程"一体化"理论的科学性、实践环节的可操作性、与国家大政方针的一致性问题,更重要的还要对影响高校教学与管理资源整合的内部组织架构进行重新审视。改革不仅要树立大教育观,实现教育观念、管理理念的转变,还要正视教育现实,探索优化整合教育资源(包括人力资源)、实现对现有教育资源的最有效利用。

三

作为安徽省首所实行大学体育俱乐部制改革的院校,10年来,合肥学院在对改革进行理论研究的同时,在实践中积极探索,努力践行理论成果,积累了丰富的实践经验,形成一整套有推广价值、行之有效的做法。具体如下:

1.创立了一种全新的大学体育课程教学模式——大学体育俱乐部制。即大学一切体育工作和活动皆依托俱乐部平台展开;俱乐部一切活动皆服务于大学人才培养方案和实现大学体育课程培养目标。全面引入俱乐部先进的管理理念,突出人才培养中的"以人为本、科学发展"。以俱乐部为主导、会员为主体的大学体育俱乐部模式取代传统的以教师为主导、学生为主体的学校体育教学与管理模式。以师生角色的转变带动观念、态度和行为方式的改变,使之朝着有利于培养学生"终身体育"意识和能力、养成良好的健身习惯,培养他们公平公正、尊重他人、团结友爱、互助合作、乐观向上、拼搏进取的体育精神的方向发展。具体做法是:打破长期以来形成的教学部门和学生工作部门的界限,通过成立由教务处、学工部、团委、院学生会等部门人员组成的体育俱乐部管理中心,将传统意义上的体育教学与学生社团活动融为一体,形成课程性质鲜明的体育俱乐部。充分发挥俱乐部作为学校教学组织与学生社团组织的双重优势,整合教师、学生以及场地设施、学校政策等资源,对各类体育训练、竞赛等活动进行课程化改造。在较少增加投入的基础上,丰富校园体育活动内容,提升校园体育文化品位,努力实现大学体育课程目标。

2. 在理论研究的基础上,全面实施体育课程教学俱乐部制改革,并在改革中不断修正、补充和完善合肥学院体育俱乐部课程教学与改革发展的思路。确立了合肥学院体育俱乐部制改革指导思想,即"以人为本、健康第一、面向全体、团队学习",着眼于学生的全面发展和未来发展。转变教育观念和管理理念、优化整合教育资源,实现大学体育教学内容个性化、形式多样化、安排生活化、管理网络化、评价过程化、课内课外一体化。努力培养学生"终身体育"意识和能力,养成经常参加体育锻炼的习惯。制定并逐步完善了《合肥学院大学体育课程教学俱乐部制改革实施方案》、《合肥学院体育俱乐部总章程》等。

3. 确立了俱乐部准、初、中、高级会员的分级原则以及"抓中间带两头"的俱乐部工作重点和发展战略,实现"大学体育四年不断线"。在满足教育部对普通高校体育课程教学学时要求的基础上,通过中、高级会员面向初级会员组织俱乐部辅导活动和聘请高水平教练担任中、高级会员的指导教师、教练解决俱乐部师资不足的问题;通过培养俱乐部学生干部和招募会员志愿者等途径解决俱乐部管理人员不足的问题,为全院一至四年级学生提供不同的体育活动和运动学习的机会,进而使俱乐部课程活动覆盖大学四年全过程。通过中、高级会员组织参与的大量的俱乐部联赛、表演和训练课程,提高了学院整体体育运动水平,为学院体育代表队培养了大批后备人才。同时,改变了过去那种训练、竞赛只是院、系体育代表队少数"体育精英"们的专利的现象,让更多有兴趣、有基础的学生参与到学院体育训练和竞赛中来,极大地调动了全院学生参与体育竞赛的积极性。由于基于个人兴趣和固定团队,学生个人运动技术水平以及竞赛水平显著提高,院内俱乐部联赛、表演、活动精彩纷呈,团队精神得以弘扬。

4.创新教学组织形式和评价方式,开设多种类型的俱乐部课程。大量开设晨练、晚练等俱乐部课程,每天为初级会员提供练习和接受辅导的机会,为中、高级会员提供训练或竞赛的机会。如:健美操俱乐部的大众操课程每天为学生中的健身操爱好者提供学习和练习的机会;篮球俱乐部通过改变赛制、增加场次,使俱乐部中、高级会员每学期有足够多的比赛、训练和接受教师现场指导的机会。各俱乐部根据需要适时安排讲座、观摩等活动,系统提高他们体育文化素养和鉴赏力。根据俱乐部章程对会员的要求,俱乐部将中、高级会员互评纳入学生学习评价之中,培养学生的团队合作意识,以及尊重他人、乐于公益的良好品质。

5.借助校园网和"一卡通"对俱乐部进行管理。自主研发了一套独立于教务系统之外、操作简单、功能齐全、人机界面友好的体育俱乐部计算机网络管理系统。系统内容包括网上选择俱乐部课程、"会员注册"、"团队管理"、"考勤统计与查询"、"健康测试查询"、"网上评教"、"建议与互动"、"教学视频"等。系统运行6年多来已接受访问50多万人次。"网上评教"充分体现俱乐部课程特点,具有针对性。开发管理软件将管理系统与校园"一卡通"对接,实现了对全院各俱乐部学生会员活动参与度的有效监控。突破了俱乐部人数多、规模大、管理难的瓶颈,节省了大量的人力、物力和财力。

6.大力培养和发展俱乐部学生干部,充分发挥他们在组织、管理和开展俱乐部活动中的积极性、主动性和创造性。自俱乐部管理中心成立6年多来,下属20个单项体育俱乐部累计培养学生干部近千人,每年干部队伍的数量基本稳定在200人左右。涌现出一批院级优秀学生干部。俱乐部的锻炼经历促进了他们的成长、成才,使得俱乐部成为学院名副其实的学生又一综合能力培养平台。各俱乐部在学生干部、指导教师的统一组织下,仅2011年就开展各类活动、竞赛1000多场/次。各类参赛队160多个;各类活动累计观众45000余人。全院学生参与体育锻炼、竞技的热情空前高涨。

　　合肥学院体育俱乐部制改革潜移默化地影响到每一位学生,体育已真正成为同学们大学生活的一部分,也使得合肥学院学校体育工作充满了生机与活力。基于各俱乐部的群众性体育活动的蓬勃开展带动了运动技术水平的提高,合肥学院运动队参加国际、国内各类比赛共获金牌55枚、银牌41枚、铜牌45枚。近年来,合肥学院火花啦啦队脱颖而出,多次在中国学生健康活力大赛、全国啦啦队大赛中取得前三名的好成绩,并一次夺得中国校园健身运动金阳光奖"最佳表演奖"。此外,学院健美操、篮球、足球、羽毛球等代表队也在省内外多项比赛中取得较好成绩。2006年以来,合肥学院大学体育俱乐部制改革得到《中国教育报》等国家级及省市级媒体的关注与好评,百余所高校来院观摩、交流。2008年获安徽省教学成果一等奖。

体育课程"一体化"对大学生体质影响的实验研究

汤 攀[①]

合肥学院因高度重视大学生体质健康测试,投入大量人力、物力和财力,精心组织在校的每位学生认真地参与测试,2005年度受到教育部的特别表彰。同时合肥学院也是安徽省第一所率先开展体育课程俱乐部教学改革的高等院校,并且取得了骄人的成绩:击剑俱乐部参加全国大学生击剑锦标赛4年来共获得了17枚金牌、7枚银牌、10枚铜牌以及其他各种奖项,并被教育部指定为高校击剑教练员和裁判员培训基地、中国大学生体育协会击剑分会华东地区教练员、裁判员培训基地。其他13个俱乐部也同步开展着丰富多彩的大学生体育活动和参加各种国内外竞赛,并且取得了丰硕的成果。但是,大学生体质一直是大学体育教育所关注的重点,曾有学者认为体育俱乐部教学不利于提高学生体质,而合肥学院采用课内外一体化的俱乐部参与形式来开展丰富多彩的活动内容,在提高了大学生体育参与意识和兴趣,培养了热爱运动习惯的同时是否提高了大学生的体质健康成为本文的研究重点。

---

① 汤攀,合肥学院公体部教学办主任。

一、研究对象与方法

（一）研究对象

研究对象为合肥学院在校 2007 级大学生，从体育班级中抽取 12 个班，其中 6 个班是普通形式授课的体育对照班，男生 125 人，女生 131 人；另外 6 个班是俱乐部形式授课的体育实验班，男生 116 人，女生 101 人，共计 473 名大学生。

（二）测试设备与项目

1. 测试仪器。中体同方体育科技有限公司研制的 2000 型《学生体质健康标准》测试设备，肺活量测试仪 1 套，身高体重测试仪 1 套，握力测试仪 1 套，坐位体前屈测试仪 1 套，立定跳远测试仪 2 套，哈佛台阶试验测试仪 1 套，计算机及相关设备 1 套。

2. 测试系统软件。采用由中体同方体育科技有限公司开发的与最新型《标准》测试设备配套的《体质测试管理系统》软件。

3. 测试项目。男生：身高、体重、肺活量、握力、立定跳远、哈佛台阶试验。女生：身高、体重、肺活量、立定跳远、坐位体前屈、哈佛台阶试验。

（三）研究方法

1. 文献资料调研。通过中国知网和相关专著，查阅有关俱乐部形式教学与大学生体质健康之间关系的论文和研究报告。

2. 实验测试法。体质，是指人体的质量，其范畴包括人体形态结构、生理功能、运动素质与能力、心理、适应能力之综合的发育或发展水平。但是目前我国对大中小学学生的体质评定统一参照《学生体质健康标准》来实施，本文也依此标准来评价大学生体质。

对选定的473名大学生分别在2007年10月16日,天气是晴,气温是15℃−28℃和2008年10月15日,天气是晴,气温是14℃−27℃,下午15:00,按照《学生体质健康标准》细则要求进行测试和评定成绩。

3. 数理统计法。运用SPSS for Window(11.0)统计学软件对实验测试的学生体质数据进行描述性统计(Descriptive Statistics),对大学生身高体重、肺活量、立定跳远等成绩的测试数据进行正态分布(Approximate the Normal Distribution)检验,检验结果显示,实验测试获得的学生体质健康的数据呈正态分布。体质测试数据检验呈正态分布后进行配对 t 检验(Paired samples t Test)、独立样本 t 检验(Independent 2 samples t Test)。

二、结果与分析

(一)结果

为了对比分析采用不同体育教学方式对实验班和对照班的影响,必须先比较实验前两班的各项指标情况。

表1 2007年合肥学院对照班与实验班两独立样本 t 检验情况比较一览表

班别	性别	身高	体重	跳远	台阶试验	肺活量	握力(男)/坐位体前屈(女)	测试得分
实验班	男	171.21±4.73	60.24±5.51	213.13±18.06	44.22±4.73	3297.41±516.91	40.53±11.63	74.00±4.62
	女	160.11±4.23	49.89±5.76	158.11±12.26	45.13±4.95	2509.17±493.15	24.31±3.89	75.33±6.10
对照班	男	170.53±5.14	60.52±5.92	212.95±16.14	45.71±4.32	3502.82±622.56	41.19±12.17	74.60±4.53
	女	161.21±5.73	50.25±5.28	156.77±14.21	44.58±4.09	2552.50±480.11	24.16±3.84	74.61±5.56

首先对男生总体和女生总体的各个分项:身高、体重、跳远、台阶试验、肺活量、握力、坐位体前屈、测试得分等的方差进行F检验,对应的概率p值均大于0.05,因此以上各总体的方差均无显著差异。其次通

过对每组两总体均值检验得出(见表1),对应的双尾概率 p 值均大于显著性水平 0.05,可见实验班和对照班在 2007 年时各项指标不存在显著性差异。

表2 2008年合肥学院实验班与对照班两配对样本 t 检验情况一览表

班别	性别	身高	体重	跳远	台阶试验	肺活量	握力(男)/坐位体前屈(女)	测试得分
实验班	男	171.01±5.21	59.81±6.23	228.22±17.17**	48.41±4.35**	3718.64±487.67**	45.80±10.57**	80.39±4.23**
	女	160.25±4.65	50.24±5.81	167.18±14.11**	47.52±4.24**	2627.19±513.70*	27.31±3.51**	82.50±5.28**
对照班	男	170.96±5.25	60.20±5.74	217.95±16.85*	45.94±4.32	3527.57±639.41	41.58±13.82	75.84±5.67*
	女	161.01±5.29	51.86±5.34*	151.70±15.10*	43.58±5.61*	2573.50±495.52	24.54±4.13	73.15±6.11*

注:* 表示 p<0.05,** 表示 p<0.01

经过一年的对比实验,2008 年的检测结果见表 2。对两个班的两年各项数据进行两配对样本 t 检验发现:实验班学生的体重保持良好,其他各项测试指标均出现较大幅度的增长,体质明显增强;对照班的女生体重略有增加,台阶实验成绩和测试得分出现下降,男生跳远成绩和测试得分略有提高。

表3 2008年合肥学院实验班与对照班两独立样本 t 检验对应概率 P 值情况一览表

性别	身高	体重	跳远	台阶试验	肺活量	握力(男)/坐位体前屈(女)	测试得分
男	—	—	**	**	**	*	**
女	—	*	**	**	*	**	**

注:— 表示 p>0.05,* 表示 p<0.05,** 表示 p<0.01

根据表 2 数据可以发现,经过一年俱乐部的训练和活动,实验班的测试数据除身高体重外与开始相比都有大幅提高,但是其结果并不能确定是否与对照班也存在显著差异或者说相对于对照班有大幅提高。

至此,进一步分析:首先对2008年实验班和对照班测试的相应各项数据进行F检验,由其概率p值判定两总体方差是否有显著差异;根据两总体方差的情况检查相应t检验结果和双尾概率p值。由表3可以发现:实验班和对照班的除在身高和男生体重外,其他各项均有显著差异,实验班的体质健康状况明显好于对照班。

(二)分析

为了找出实验班和对照班经过一年的对比其体质测试结果出现如此大的差异的原因,在检查平时观察记录的同时和学生进行详细的访谈,总结其主要影响因素为如下三点:

1. 参与"一体化"俱乐部的学生具有正确的体育参与动机。合肥学院体育俱乐部在遵循"三自主"的前提下,立足现有体育场馆及教师资源,成立了14个体育俱乐部,在充分满足学生兴趣和多样化需求的同时由老师和俱乐部学生管理干部积极主动引导每一位学生确立正确的体育参与动机。例如:"每天锻炼一小时,健康工作五十年"已不仅仅是个口号,已经深入俱乐部会员的健康意识之中。对其实验班访谈中,大部分学生认可体育俱乐部活动的参与是掌握正确锻炼手段与方法来强健自己的体魄,完善自己的性格与磨炼自己的意志品质。而对照班不少学生体育参与动机是为了学分,这直接影响了他们对体育参与的热情和锻炼习惯的培养。

2. 参与"一体化"俱乐部模式的学生已养成体育锻炼习惯。对实验班平时锻炼情况了解时发现:他们大部分每周锻炼至少三次以上。究其原因,其一,体育俱乐部为学生们提供了活动、训练、比赛等多种多样的参与形式,充分满足他们个性化的体育需求。如,各个俱乐部联赛过程中仅参与人数就占全校总人数的一半以上,足以反映出学生的参与热情;创造性地提出并开设晨练俱乐部课程,变学生每周一次学习为每周多次学习的全新教学组织形式,为他们体育锻炼习惯的培养打好了坚实基础;其二,确立了以"学生体育俱乐部管理中心"为核心、学生单项体育俱乐部为载体、俱乐部教练和学生体育骨干为主导、初、中、高级会员为主体的教学、训练、竞赛、活动"一体化"的学校体育管理模式,为学生的体育参与注入了持久的动力,让他们在参与过程中遇到问题可以得到及时解决或帮助,对体育活动习惯的养成起到了重要的推动作用。

3. 学校为"一体化"体育俱乐部模式营造了良好的活动氛围。体育锻炼习惯的养成,离不开良好的活动氛围。合肥学院就营造出了这样一种良好的全校活动氛围,该校学生都可以是各俱乐部会员,根据自身条件、运动基础对教学内容进行个性化选择;而俱乐部课程教学不局限于传统体育课形式,将晨练、训练、竞赛、活动都纳入教学范畴;设计安排上充分体现以人为本的原则,如根据季节以及气候变化,灵活调整俱乐部活动时间,最大限度融入学生日常生活,学校通过校园一卡通和计算机管理系统,对全校学生参与情况进行管理。不仅如此,还根据学生运动基础,对俱乐部实行初、中、高三级会员的分级管理,同时还邀请外聘优秀教师和高水平运动员担任俱乐部教练。学生则可以通过网上留言等方式对俱乐部各个方面的工作提出建议或意见。为学生体育的参与营造了一种非常好的外部环境。

(三)结 论

1. "一体化"俱乐部教学形式相对于传统的体育课教学模式,具有明显的改善大学生体质的优势。尤其是在心肺功能、下肢力量和柔韧素质方面尤为突出。

2. "一体化"俱乐部教学与管理模式对培养大学生正确的体育动机、良好锻炼习惯的培养和创造良好活动氛围方面具有十分积极的意义。

3.根据本实验的验证和合肥学院多年的经验,大学体育"一体化"俱乐部教学模式是适应社会发展和学生需求的趋势,建议更多院校参考该校的成功经验。

参考文献:

[1]贾冠军.俱乐部教学模式下的学生体质调查及对策[J].《北京体育大学学报》,2007(3):372~373.

[2]教育部、国家体育总局.教育部国家体育总局关于印发《学生体质健康标准(试行方案)》及《学生体质健康标准(试行方案)实施办法的通知》[Z].教体艺[2002]12号文件.

[3]吴平.学生体质健康标准测试指标三学年跟踪研究分析[J].北京体育大学学报,2007(8):1077~1079.

[4]纪秋云,高丹.大连高校体育选项课教学现状调查与分析[J].北京体育大学学报,2002(2):32~34.

[5]姚军成.大学生体质健康标准与高校体育教学改革[J].教育探索,2007(10):44~45.

改革实践篇

在安徽省首届高校体育校长论坛上的讲话
——关于体教结合与高校高水平运动队建设工作的思考

蔡敬民[①]

主持人、省体育局领导、各位校长,大家好:

十分感谢论坛的组织者给我这么一次机会与大家交流,共同探讨新形势下如何做好高校的"体教结合"工作。

众所周知,体育属于教育的范畴。1957年,毛泽东同志就指出"我们的教育方针应该使受教育者,在德育、智育、体育几方面都得到发展,成为有社会主义觉悟的、有文化的劳动者"。中国奥委会荣誉主席何振梁先生说"没有体育的教育是不完整的教育,失去教育的体育必将是走向歧途的体育"。作为一名教育工作者,我们能够感受到这句话的含义与分量。在学校教育方面,长期以来,在"应试教育"大背景下,学校体育受到冲击,严重影响了人才培养的质量,这已经是不争的事实。在竞技体育方面,由于长期独立于教育系统之外,运动员没有接受相应的科学文化知识教育,很多运动员在退役之后难以融入社会,有的甚至成为社会的包袱,其代价也是巨大的。因此,"体教结合" 让"体育回归

---

① 蔡敬民,合肥学院党委书记。

教育"、让"教育拥抱体育",既是现实的呼唤,更是教育的必然。

新中国成立至今,我国的竞技体育在塑造我国国际形象、提升国际地位、扩大国际交流、振奋民族精神等方面发挥了重要的作用,做出了巨大的贡献。这里除了一代又一代体育人的不懈努力与奋斗外,"举国体制"功不可没。从语义上说,"举国体制"就是指能够动用整个国家的资源实现既定目标的组织制度。据此,我们可以得出两个基本结论:一是"举国体制"没有定式;二是"举国体制"有着明确的目标指向,代表的是国家意志。当前,我国正处在一个经济转轨、社会转型的历史时期,计划经济时代的"举国体制"在一定程度上表现出了它的不适应性。改革现行的管理体制和运行机制、动员和整合全社会力量办"大体育",从而使我国竞技体育走上健康、可持续发展的轨道,势在必行。高校建设高水平运动队正是这种"举国体制"跨行业、跨部门改革和发展的一部分,同样代表了"奥运争光"、"全民健身"的国家利益和意志。我们相信,随着时间的推移,高校高水平运动队必将成为我国竞技体育发展的重要组成部分。为国家培养高水平体育人才是我们高校义不容辞的责任。

"体教结合"是一项系统工程。发现和培养体育后备人才的工作也应"从娃娃抓起",形成从小学到中学、大学一条龙的发现、培养和训练体制。现行的独立于教育系统之外的"少体校—专业队"模式不利于运动员们获得与其他同龄人同等的受教育的机会。加之"金牌战略"所带来的运动员的高淘汰率等这些显而易见的因素,在很大程度上左右了家长的抉择,影响了优秀体育后备人才的培养和选拔。因此,"体教结合"必须打破计划经济体制下形成的部门条块分割的界限,实现体育部门与教育部门在人、财、物几方面的优势互补。不仅要有自上而下的宏观政令,还要有自下而上的大胆尝试。不管是体育部门、还是教育部门,都应该积极鼓励不同层级上的体教合作,给予人、财、物以及政策上的支持,共同努力,探索出一条符合安徽省省情的体教结合之路。

"体教结合"是一项双赢战略。我们认为,把体育与教育的结合理解为解决运动员的出路问题是狭隘的,同样,把教育与体育的结合理解为运动员为学校争光也是狭隘的。在经济全球化的今天,国际竞争日趋激烈,包括体育竞技水平在内的国力的竞争实际上就是人才的竞争。从某种意义上说,现代竞技体育对人体运动潜能的挖掘几乎到了极致,高水平体育比赛中运动员的心智活动往往成了决定比赛胜负的关键。系统、良好的科学文化知识教育不仅有利于运动员全面综合素质的培养,也有利于他们训练和比赛水平的提高。而体育在培养学生积极进取的精神、顽强拼搏的毅力、团结互助的合作意识和良好的社会适应能力等方面则是其他教育手段所不可替代的。就高校而言,"体教结合"、建设高水平运动队对提升高校办学理念、培养学生创新意识和实践能力、丰富校园文化生活、推动群众性体育活动的开展无疑具有十分重要的作用。因此,"体教结合"决不仅仅是哪一方受益,而是双方共赢。

高校是"体教结合"的最后一环,也是至关重要的一环。从目前我省的情况看,高校办高水平运动队主要存在以下四个方面的不足:一是经验不足;二是高水平教练员不足;三是可供高水平运动队训练的场地与配套设施不足;四是保证高水平运动队训练、比赛的经费不足。在具体操作过程中,"学训"矛盾非常突出。由于"体教结合"这种人才培养模式仅仅处于起步阶段,高校还不能直接从普通高中生中招收到所需要的、有发展潜力的体育人才,即"大学生运动员",因此,目前高校主要还是采取从专业队中选拔一级以上的运动员、通过自主命题、考试择优的方式录取。由于这些"运动员大学生"又常常是各省队、乃至国家队的现役队员,他们承担着繁重的训练与比赛任务,无法离队学习。而高校要保证这些特招生完成大学专业课程的学习,教学成本也随之增加。解决"学习与训练"这一对矛盾成了困扰办队高校的难点问题。其他省份的一些做法或许值得借鉴,比如:"联办"模式,即体育局与高校联合办高水平运动队,体育局通过向高校注入资金、设备等,将专业队训练基地设在高校,运动员吃、住、学、训都在高校,从而解决以上的问题。从某种意义上说,这也是体育行政部门由"办体育"向"管体育"职能转变的一种尝试。事实上,高校办高水平运动队遇到的困难和问题远不止这些,但是我们相信,在省体育局、教育厅的正确领导、大力支持和帮助下,随着"体教结合"的不断深入、高校逐步实现由招收"运动员大学生"向招收"大学生运动员"转变,这些困难和问题都将会得到解决。

虽然合肥学院是2006年被教育部批准建设击剑高水平运动队的,但我们同省体育局的合作从2004年筹备申办时就已开始。在整个申办和特招高水平运动员的过程中,我们真切地感受到省体育局领导对"体教结合"工作的重视,感受到竞赛处、体操击剑管理中心对我们热情的支持与帮助,使我们在高水平教练的引进、教师、裁判员培训、院击剑代表队的训练交流、高水平运动员的招生等方面工作进展顺利,少走了不少弯路。去年10月,在珠海举行的第十一届全国大学生击剑比赛中,我院代表队获重剑项目普通大学生组2枚金牌、2枚银牌等多项奖励。同时还被大体联击剑分会指定为全国高校击剑教练员、裁判员培训基地。今年,我院按计划招收了5名一级、1名二级共6名专业队队员,其中国家队1名、省队3名,2名进入学院学习。其中1人在刚刚结束的全国击剑锦标赛上获得个人冠军。学院领导班子高度重视击剑高水平运动队的建设,形成决议,每年拨专款15万元用于高水平队的训练、比赛、器材添置以及训练补助与奖励。对运动成绩优异的高水平运动员在报考我院时给予一定的优惠政策。我们还同合肥市体育局、芜湖市体育局建立了良好的合作关系,每年两市的击剑队都来我院训练、交流。回顾这几年我们申办和建设高水平运动队所做的工作,虽然取得了一点成绩,但还有很多全新的工作等待我们去做,还有许多困难和不足等待我们去克服。我们期待着在未来的办队过程中继续得到省体育局的大力支持与帮助,更期待和祝愿我省的"体教结合"之花在全省各地盛开,结出累累硕果。

最后,再次感谢主办方安徽省体育局!预祝省十一届运动会圆满成功!谢谢大家!

合肥学院关于进行公共体育课改革的决定

各系、院直有关部门：

根据学院关于教学改革的部署，为培养德、智、体全面发展的应用型人才。在体育课教学中真正体现以人为本的思想，以教会学生锻炼身体的方法，养成良好的终生受益的锻炼习惯为目的，学院决定进行体育课改革，现将有关事项通知如下：

一、学院成立领导小组，小组成员由基础部、教务处、学生处、团委、学生会等部门和教学单位负责同志组成，宏观指导公共体育课改革的具体事宜。

二、改变现行的上课形式，充分合理利用学生时间，在基础部体育教研室的统一组织下，团委、学生处和学生会共同参与，在学校里形成若干体育俱乐部，俱乐部负责组织体育教学活动，学生可以根据自己的兴趣和特长选择参加。

三、成立公共体育改革研究总课题组，负责人为基础部许大庆同志，总课题组下设若干子课题组，研究改革方案和须解决的问题。

四、本改革方案制定后自2006年8月起实行。

二〇〇六年四月二十一日

合肥学院体育俱乐部章程

第一章 总则

第一条 俱乐部性质:在学院体育俱乐部管理中心的指导下,以会员为主体、俱乐部为主导,根据教育部《普通高等学校体育课程教学指导纲要》要求,结合我院实际,充分发挥学生体育骨干和积极分子在组织、管理学院体育活动中的积极性、主动性和创造性,最大限度地推动我院体育教学、训练、竞赛、课余体育锻炼的"一体化"进程,最终实现我院大学体育教育教学目标的、兼具学校体育课程教学和学生社团性质的学校体育组织。

第二条 俱乐部宗旨:"以人为本、健康第一,面向全体、团队学习",培养和提高学生体育学习兴趣、"终身体育"意识和能力,弘扬体育精神,发展校园体育运动,增强学生体质,提高我院学生体育运动水平,营造健康向上的校园体育文化氛围。

第二章 任务

第三条 宣传和贯彻落实全民健身计划纲要,推动校园"阳光体育工程",提高学生的身体素质和运动技能、战术水平,普及体育知识、增进同学间的交流合作,促进学生身心和谐健康发展。

第四条 在俱乐部管理中心的领导和俱乐部教练的指导下,通过建立可持续的俱乐部教学、训练、竞赛、辅导等制度,有计划、有目的地组织俱乐部活动,引导学生科学健身,增强俱乐部团队的凝聚力。

第五条 协助俱乐部教练安排中、高级会员的训练;选派学生助教;组织俱乐部会员的招新、辅导、竞赛、表演等活动;组织俱乐部讲座、宣传以及校际间的交流。

第六条 充分依靠各层级俱乐部会员,集思广益,共同制定俱乐部学年工作计划,进行学期工作总结,找出问题与不足,形成文字材料向俱乐部管理中心和学生体育俱乐部联盟汇报。

第七条 搜集并及时向俱乐部管理中心和俱乐部联盟反映俱乐部会员的意愿;对俱乐部管理、教学、训练指导、辅导、竞赛组织、考核等工作进行监督,对俱乐部教练的工作质量进行评估。

第三章 组织机构

第八条 俱乐部管理中心主任由公体部主任或副主任担任;副主任分别由体育教研室主任、训练竞赛室主任、体质测试室主任、学工部分管学生体育工作的同志、院团委有关同志、院学生会主席或副主席担任。成员由各院系、俱乐部联盟辅导员担任。

第九条 每个俱乐部设主任、副主任各一名,由学生担任,负责俱乐部的日常工作。

俱乐部下设:

(一)办公室:负责处理俱乐部联盟日常事务。

(二)财务部:负责俱乐部会费、赞助费等经费的收支管理。

(三)宣传部:负责日常宣传及活动宣传,包括本俱乐部的形象策划、竞赛海报、宣传条幅制作、啦啦队组织以及新闻报道。

(四)活动部：负责活动、竞赛的组织、成绩记录等相关事宜。

(五)外联部：负责对外体育交流,招收新会员以及联系活动赞助等。

(六)后勤部：负责后勤服务保障,活动器材的管理、安装检查、比赛的器材的租借等。

(七)培训部：负责俱乐部初、中级会员的学生助教工作安排；负责中级会员训练的组织与管理。

第十条　俱乐部主任由各俱乐部会员选举或由俱乐部管理中心推荐产生,经俱乐部(代表)大会表决通过,俱乐部管理中心任命。副主任及以下俱乐部管理人员由会员大会直接选举产生。

第十一条　负责俱乐部管理工作的同学必须严于律己,俱乐部主任全权负责俱乐部日常工作,担任俱乐部其他职务的人员必须严格遵守俱乐部的规定,无条件服从俱乐部管理中心的安排。

第四章　会员

第十二条　凡热心俱乐部活动,承认本章程并遵守有关规定的合肥学院学生均可自由申请入会。每学期定期进行一次大规模招收新会员活动,其他时间原则上一般不进行招收。

第十三条　会员分四个层级：

高级会员：运动技术水平较高、能力强,能代表学院参加各种重要比赛或表演的同学。

中级会员：有一定的运动基础、具有一定比赛或表演能力,能参加俱乐部内比赛或活动的同学。

初级会员：对俱乐部运动项目有兴趣,希望通过学习提高运动技术水平的同学。

准会员：无相应的运动基础,无明确的运动兴趣取向,无参加俱乐部意愿的同学。

第十四条　会员享有的权利：

（一）有权对所属俱乐部的工作提出批评、建议并进行监督。

（二）有权参加所属俱乐部组织的相应层级的各项活动。

（三）有相应层级选举和被选举的权利。

（四）会员均可按规定享受俱乐部教练免费技术培训及指导。

（五）会员可按规定借用俱乐部体育器材。

第十五条　会员应履行下列义务：

（一）遵守俱乐部章程，服从俱乐部管理，维护俱乐部荣誉，执行俱乐部决议。

（二）积极参加俱乐部公益活动，完成俱乐部管理者交办的其他各项任务。

（三）积极主动参加俱乐部正式比赛和其他活动。

（四）中、高级会员有义务根据俱乐部的安排向初级会员提供培训与辅导。

第五章　会员证

第十六条　会员证由俱乐部管理中心统一制作。初级会员证为绿色，中级会员证为蓝色，高级会员证为红色。

第十七条　会员证只限各注册会员本人使用，不得进行任何形式的转让。

第十八条　会员退学、转校、毕业离校时必须交回会员证。

第六章　奖惩

第十九条　凡热心体育俱乐部活动、支持体育俱乐部、为体育俱乐部的发展做出特殊贡献的人士均可成为合肥学院体育俱乐部荣誉会员。

第二十条　凡对合肥学院体育俱乐部的发展做出贡献的会员，将给予其精神和物质奖励。对在俱乐部工作中表现突出的学生干部俱乐部管理中心将形成推荐材料上报院学生处,参加学院的学生干部的评奖评优。

第二十一条 凡做出不符合本章程规定或有损体育俱乐部荣誉及利益行为的会员,俱乐部管理中心有权对其予以取消会员资格,并上报院学生处进行处理。

第二十二条 俱乐部会员处分视情节轻重分三种,分别为:警告处分、记过处分、取消会员资格处分;具体为:不遵守俱乐部规定、不服从俱乐部管理、破坏俱乐部财物、打架斗殴、弄虚作假、不尊重其他会员、教练、教师,做有损于俱乐部荣誉与形象的事等。

第二十三条 凡被处以"取消会员资格"的学生,当学期的体育成绩定为"不合格"。

第二十四条 俱乐部管理中心通过表决决定是否给予某会员处分;必须三分之二以上的管理委员会成员通过处分决定方为有效。

第二十五条 所有处分决定均上报院学生处备案,受处分的同学不能参加当年度评奖评优。

第七章 制度

第二十六条 管理中心值班制度

(一)值班人员准时到岗,按时交接,不得擅自离岗。

(二)值班人员不得擅自将办公室物品出借。经同意出借的物品必须履行登记手续并负责收回。

(三)值班人员有事不能到岗者必须提前一天请假。

(四)值班人员负责当日办公室的卫生,保持室内整洁。

(五)严禁在办公室内吵闹、吸烟、打牌、用办公电话聊天、滥用办公电脑。

(六)接待来人来电咨询必须热情、周到、体现良好教养。

第二十七条　例会制度

(一)原则上每周安排一次例会,复习迎考期间可作适当调整。

(二)原则上例会必须由俱乐部主任参加,不能参加的必须事先请假、说明。

(三)及时作好会议记录。

第二十八条　档案制度

(一)各俱乐部每学期必须安排专人对会员材料、工作计划、工作总结、会议记录、活动档案以及影像资料进行归档整理。

(二)离任俱乐部管理人员必须做好与接任管理人员有关工作材料的交接工作。

(三)俱乐部管理中心须对离任人员的工作表现、能力与工作成绩形成鉴定材料存档并根据需要报送院学生处和所在系,存入学生个人档案。

第二十九条　物品采购及发放制度

(一)俱乐部办公及宣传用品由俱乐部管理中心统一采购。

(二)各俱乐部竞赛及活动奖、用品须经由指导教师和俱乐部同意、俱乐部管理中心审批后方可进行采购。

(三)各俱乐部物品采购必须有相关电脑发票或电脑小票并手写发票方可报销。

(四)俱乐部奖、用品的发放必须填写有关表格、领奖或领用人签名。

第三十条　财务制度

(一)各俱乐部会员费标准由俱乐部管理中心会同各俱乐部负责人和会员代表共同协商制定。

(二)俱乐部会员费由俱乐部管理中心委托基础部办公室统一管理。

（三）俱乐部管理中心每学年向各俱乐部公布财务收支情况。

（四）俱乐部会费仅限于购置奖品、办公及宣传用品、俱乐部学生管理干部及临时用工人员的补助。

（五）各俱乐部不得私自接受捐赠与赞助。所接受的捐赠与赞助必须由俱乐部管理中心统一管理并原则上由该俱乐部使用。

第八章　附则

第三十一条　本章程的解释权和修改权属于合肥学院体育俱乐部管理中心。

第三十二条　本章程自发布之日起实施。

合肥学院体育俱乐部管理中心

二〇〇七年三月

合肥学院体育俱乐部一览表

序号	俱乐部名称	成立时间	指导教师
1	篮球俱乐部	2006.3	董成文
2	排球俱乐部	2006.3	金田友
3	足球俱乐部	2006.3	张顺法
4	网球俱乐部	2006.3	王汝田
5	乒乓球俱乐部	2006.3	吴 敏
6	击剑俱乐部	2006.3	戴 清
7	武术俱乐部	2006.3	毛献亮
8	健美操俱乐部	2006.3	周瑞英
9	瑜珈俱乐部	2006.3	汪 虹
10	定向运动俱乐部	2006.3	汪 征
11	健美俱乐部	2006.3	祁国杰
12	大众操俱乐部	2006.3	周瑞英
13	健身跑俱乐部	2006.3	陈 健
14	体育舞蹈俱乐部	2006.3	吴毕人
15	跆拳道俱乐部	2007.3	陈丽娟
16	轮滑俱乐部	2008.3	汤 群
17	街舞俱乐部	2011.3	杨 丽
18	壁球俱乐部	2012.3	胡世琪
19	毽球俱乐部	2012.3	汤 攀
20	羽毛球俱乐部	2012.3	王明波

十年坚守铸"剑魂"
——记合肥学院公共体育教学部击剑主教练戴清

合肥学院新闻中心学生记者 李婷

她,是中共党员、运动健将、国家一级教练员,曾荣获亚洲击剑锦标赛冠军。13岁入选安徽省击剑队,18岁进入国家队训练,1996年毕业于成都体育学院,同年回安徽省体育局任重剑队教练。2005年,她作为特殊人才被引进合肥学院,在基础部担任体育教师,兼任学院击剑高水平运动队主教练。2005年11月,在第十一届全国大学生击剑比赛中,合肥学院队首次出征即获得2枚金牌、3枚银牌,她本人也被大会授予"优秀教练员"称号;2006年10月,合肥学院队在第十二届全国大学生击剑比赛中再创辉煌,在她带队下共获得6枚金牌、2枚银牌、3枚铜牌和体育道德风尚奖,为合肥学院、合肥市乃至安徽省争得了荣誉。在老师眼里,她是一位兢兢业业的"剑客";在学生眼中,她是一位认真朴实的好教练。她,就是合肥学院击剑主教练戴清,近十年的坚守铸就了一段别样的"剑客"生涯。

与剑结缘,伴剑长随

1983年,安徽省体育队到全省各地招生,年仅13岁的戴清因为身高和体格的优势,顺利入选安徽省第一训练大队击剑队。当时的她并没有预料到这次的选择将对她今后的人生道路产生至关重要的影响。

自选入省队,戴清便开始了艰辛的训练历程。从对剑的陌生,到懵懂,最后到热爱,在练剑的过程中她渐渐喜欢上了这项运动。1988年对于戴清来说是她职业生涯非常重要的一年,她成功入选国家击剑队。对于一个职业运动员来说,进入国家队不仅是对自身体育素质的一种肯定,也是获得了一个更高的发展平台。

但进入国家队,并不意味着可以高枕无忧,戴清反而遇到了更多新的挑战。国家队里人才济济,而当时她的体质弱,看起来比较瘦小,基本不能引起教练的注意,所以长时间里她都没有资格参加比赛。在这低谷期,戴清并没有斗志消沉,没人带着训练便自己创造机会,她通过请老队员喝汽水、帮他们洗衣服等来换取他们陪自己练剑。皇天不负有心人,这一年戴清获得了人生第一次入围全国击剑大赛的资格,而她也用全国前六的成绩证明了自己的实力。

"击剑是一种需要长期坚持的职业,当你投入进去后,你便能感受到这种运动的魅力",从13岁与剑结缘至今已有30余年的时间,戴清一直未曾与剑分离过。

从无到有,创下合肥学院击剑队的奇迹

2005年,戴清作为特殊人才被引进合肥学院。刚来时,合肥学院众多体育俱乐部之中并没有"击剑俱乐部"。在合肥学院公共体育俱乐部领导的支持下,击剑俱乐部开始在全院各个系招募击剑爱好者。最

终,合肥学院第一届击剑俱乐部成功招收9名队员。

第一年的暑假,击剑训练馆的设备还不齐全,戴清就带着9名队员在没有空调、没有电扇的条件下开始了艰苦的训练。同年11月,戴清带领9名队员踏上了第十一届全国大学生击剑赛的征程。这是合肥学院第一次有代表队参加全国大学生击剑赛,也是第一次经历了将荣誉与质疑兼收的比赛。这次比赛汇聚了全国各地的高校,清华、北大等学府都派出了代表队,竞争异常激烈。在赛前的场地实验战中,合肥学院代表队出色的表现令其他高校都难以置信,甚至有人质疑合肥学院是用职业选手冒名顶替。在这样的情况下,比赛的组委会临时召开了赛前会议,强调如有队被查出作假,将会受到通报批评以及严重处罚。此外,还特别要求合肥学院上交队员招生表原件,以便进行扫描甄别真假。最终,合肥学院代表队取得了2金、3银的骄人成绩。

作为首次出赛的代表队,取得这样的成绩惹来质疑声一片,在场的某位击剑教练提出:"按照运动的规律,击剑这个项目至少两年才能出效果,而合肥学院队只经短短的数月训练便能有这样的成绩,实在让人难以接受。"戴清作为带队教练,她是看着自己的9名队员怎样一步一步走过来的,面对外界各种不实的猜测,她实在难以压住内心的不忿之感,她说了这样一段话:"你们说不可能,但我就是要把不可能的事做到可能,这样的结果是说我的学生水平高呢,还是说你们学生的水平低呢?如果你们还是不相信的话可以继续查,我们的学生'真金不怕火炼'。"这件事并没有因为戴清的这段话而告一段落,之后全国大学生击剑赛的一些代表队来合肥学院的击剑训练馆参观,学生的训练情况以及合肥学院相关的击剑资料真正地说服了他们,让他们明白了合肥学院代表队奖牌背后沉甸甸的分量。

在之后的第十二届全国大学生击剑比赛中,合肥学院代表队依旧成绩斐然,用实力再次证明了"真金不怕火炼"。从无到有的跨越,戴清带领着合肥学院击剑代表队创造了一个又一个赛场奇迹。

学生既是我的孩子,又是我的朋友

作为合肥学院击剑队的主教练,戴清平常打交道最多的就是学生。她说:"训练馆里的学生既像是我的孩子,又像是我的朋友,他们都很懂事,我们在一起基本无话不谈。"击剑是一项非常需要耐力的运动,它对运动员的体能要求比较高,通常训练三四个小时才能中场休息一次。在这之中如果体能跟不上就可能会发生腿脚抽筋、大脑反应速度慢的现象,所以作为教练的戴清还要像妈妈一样时刻关注着每位队员的身体变化。

节假日是击剑队主要的训练时间,放弃休息甚至与家人团聚的机会,埋身于训练馆进行辛苦的训练,这群执着的队员往往也带给戴清别样的感动。说到与学生间的故事时,戴清的脸上浮现出自豪又心疼的表情,王杰杰是击剑队的一名前学员,一次学校因为考试封校,击剑训练转场到校体育馆,戴清在上厕所时发现隔壁男厕所有人呕吐得非常厉害,她出来后发现竟是自己的队员王杰杰。当时王杰杰脸色发白,整个人呈现出一种无力的状态,戴清劝他赶快回去休息,他却说:"老师,我吐过了就感觉舒服了,我要留下来坚持训练。"2012年的击剑个人冠军李保国严重晕车,每次赶到训练场的第一件事就是躺到垫子上缓解晕车的痛苦,也正是因为晕车,李保国总是最早来训练馆的一位。在戴清的心目中,她的每一位队员都是可爱的,他们的坚持让她感动,而这种感动也支撑着她一路走过来。

"喜欢,并愿意为喜欢的事付出努力",这是合肥学院击剑俱乐部的理念,而戴清和她的队员们也正用行动实实在在地贯彻着这个理念。

忙中偷闲,追求学术的脚步从未中止

击剑训练主要集中在学生的课余时间,这也就意味着当所有老师可以享受假期的时候，戴清还要留在训练馆陪着学生一起训练。戴清表示，儿子幼时是最艰难的一段时期，每天都要把儿子从幼儿园接到训练馆，久而久之，儿子和大家都玩熟了，训练馆里的队员都成了他的"奶爸"、"奶妈"。如今儿子已经上初一了，儿子的成长也见证了她数十年来在合肥学院击剑队坚守的历程。

繁重的训练任务以及琐屑的生活小事，并没有阻止戴清钻研和总结的脚步，她撰写的《浅谈反攻技术在重剑比赛中的运用》一文在安徽省第四届"运动训练"学术研讨会论文报告会上获三等奖，《如何合理安排赛前训练》在2000年安徽省第一训练中心论文评选中获优秀奖，《影响我国青年女子重剑运动员进攻战术运用的技术因素》一文发表在2005年《上海体育学院学报》上，《击剑运动在高校开展存在的问题和解决方案》一文发表在2006年《南京体育学院学报》上，《北京奥运会中国女子重剑主要逐金者打法特点及对策》2008年发表于国家核心期刊《成都体育学院学报》上，该论文针对性地分析了主要竞争者战术运用的观察和数据统计，得到了中国女子重剑教练组奥运参赛方案的认可与采纳。

"痛并快乐着"，这是戴清对击剑工作的感受，高强度的训练往往会带来身体上的疼痛，却又能让人体验到精神上的愉悦。数十年与剑的坚守，成就了一个个优异的剑手，如她所言，"我们培养学生不仅仅是为了让他们获得奖牌，更是要培养学生具有吃苦耐劳和团队奉献的精神，以及战胜挫折的意志力"。

春风化雨正当时
——记合肥学院瑜伽俱乐部指导教师汪虹

合肥学院新闻中心学生记者黄畅　王金红

一个理性、优雅、聪慧的美丽女人,用真心和行动将教育理念化成有温度的关怀,以爱育爱,以德培德,培养出一届又一届的莘莘学子。她用才学、能力、品质和魅力给她的学生以成长的力量,她用无私的热切的关爱给学生永恒的记忆。她,就是合肥学院瑜伽俱乐部指导教师汪虹。

以赤子之心开垦教育之路

当谈及教学问题时,汪虹老师总是侃侃而谈,思维敏锐。在一个多小时、充满欢声笑语的采访过程中,汪虹老师多次提及在教学过程中务必要将心比心,从学生角度去考量问题,体谅学生,这不仅有助于教学工作的顺利进行,也有助于学生学习积极性的提高。汪虹老师着重强调,身为老师,要时时关注教学前沿,结合当地特色进行因材施教,真正做到有的放矢,这样才能事半功倍。最后,汪虹老师还语重心长地告诉我们,上课形式若不能创新,就扎扎实实地上一堂规范标准的课,课堂环节环环相扣,抓住重点、难点,注重"一课一得"。

汪虹老师带领的团队在2012年的第二届全国绿色运动健身大会瑜伽项目竞赛中,取得了骄人的成绩,在激烈的男子单人项目角逐中,机械工程系周盼同学技压群雄,荣获全国冠军。同时,合肥学院代表队以勇于拼搏、健康向上的团队精神赢得了在场所有观众和裁判的一致认可,荣获了大会颁发的"集体体育道德风尚奖"。在第三届全国绿色运动健身大会瑜伽项目竞赛中,合肥学院参赛团队在男单、女单、混双项目中均获三等奖。在2013年安徽省第一届茉莉花全民健身展示大赛中,合肥学院参赛团队在瑜伽项目竞赛中斩获男单冠军、女单冠军及混双冠军。目前,汪虹老师正带领她的团队积极备战即将到来的第四届全国绿色运动健身大会。在担任瑜伽指导教师的同时,汪虹老师也是大众操的老师,还带领合肥学院排球队外出参加比赛。合肥学院排球队今年在安徽省第十三届大学生运动会男排比赛中取得了第二名的好成绩。

教学无止境,为人师表从我做起。汪虹老师说,瑜伽要求平和与安静,在现在这种节奏快、竞争激烈、压力较大的生活环境下,它是一种健康、有效的减压方式。虽然在目前各高校中瑜伽还未完全普及,但只要高校开展瑜伽课,学生们都较欢迎。在一次对外比赛中,有人听闻汪虹是合肥学院瑜伽指导教师,赞扬了合肥学院瑜伽队。采访到这里时,汪虹老师的脸上洋溢着自豪和喜悦。

作为瑜伽俱乐部指导教师,她每堂课都用心去上,用心让学生感受到心灵的放松和灵魂的自由。瑜伽包含伸展、力量、耐力和强化心肺功能的练习,有协调整个机体的功能,能促进身体健康。拜日十二式的每个动作,她都一一细心指导,小到每个呼吸,大到每个伸展动作。此外,她还引导学生改善自身的精神状态,使他们身心协调平衡。

与学生的心灵交流

古人云:"人才兴邦。"凡举大事者必以人才为本。世界上凡成就大事的领导者都"视才如命"。因为他们懂得拥有人才就拥有一切。古今中外,那些有抱负、有远见、想成就一番大业的领导者,他们的共同点,就是都有爱才之心、求才之望、识才之道、用才之法和容才之量。身为老师可能没有古人那种豪情壮志,但惜才之心可与之媲美。

汪虹老师是爱才惜才之人,她时常鼓励学员要敢于尝试。她说,学员们最大的问题其实就一个字:怕,觉得自己的韧带柔韧性差,无法学习瑜伽,其实只要敢于突破自己,坚持下来,就会发现自己身体里的潜能。平时上课她细心留意学生,发现、推荐柔韧性好的学生进入瑜伽俱乐部深入学习,发掘他们潜在的才能。蔡立兵,大四学生,他能成为瑜伽俱乐部第一个坚持下来的男生,离不开汪老师的时时关心及细心指导。

另一名学生,周盼,2011级机械系学生,经汪虹老师推荐进入瑜伽俱乐部学习。刚接触瑜伽的周盼没有多少基础,但汪虹老师耐心指导,每天陪他练压腿、拉韧带、下腰等一系列基本功,并鼓励他:"一般来说,男性的柔韧性没有女性好,所以在开始入门时不是很快,但是随着练习的深入就会发现,由于身体柔韧性增强,男性从瑜伽中获得的好处可能更多,他们的体力会变得更好,心态会更平和。"

周盼很爱好打篮球,像其他男生一样,他曾经一度认为瑜伽应该是女生学习的东西,在练习过程中他想过退出,汪虹老师耐心鼓励劝导他:"女性练瑜伽多半是为了寻求更完美的身材,在做动作时也会对姿态的优美很在意,而男性对动作的美感不是非常注重,反而更能体会瑜伽修身养性的真谛。虽说瑜伽在初级阶段时的柔韧性很重要,可是难度越大的动作,对力量的要求越高,很多动作对女性而言几乎是不可能完成的,而男性却能轻松完成,坚持下去,你一定会有所收获的。"就这样,周盼坚持了下来,在2012年的第二届全国绿色运动健身大会瑜伽项目竞赛中,周盼代表合肥学院获得全国冠军。谈及他的经历时,他感激地说道:"在我自己想要放弃的时候,老师鼓励了我,非常感谢老师对我的鼓励。"教学育人,看到学生获得成就是老师最大的欣慰。

"以自己的努力,使我的每一个学生都获得益处,以至于对他的一生都产生积极的影响……"这是江虹老师发自内心的话。

耕耘播种　润物无声

想象和现实的最大差别就是在现实中你会发现你真正想要什么,汪虹老师就是在不断尝试中发现了瑜伽的独特魅力。她上大学时学过艺术体操、健美操,曾代表学校参加比赛,并取得了优异的成绩。随着瑜伽的传入,她开始尝试学习瑜伽,在学瑜伽中陶冶自我,在教瑜伽中传递气质,汪虹在教授瑜伽中诠释和传播了瑜伽的灵魂。

"为了孩子的成功,做一个安静的燃灯者"。这春风化雨、润物无声的日子,让汪虹老师知道,教师工作是神圣的,一线工作更是具体、琐碎、辛苦而平凡,但是平凡的工作决不平庸,她在心里清楚地知道,只有自己坚持教学信仰,才能带领团队走得更远更好。汪虹老师谈到,瑜伽带给自己的是力量、平静和喜悦,是身体和心灵的和谐统一,她希望将这种美好带给更多的人。很多女生练习瑜伽,大都因为听闻瑜伽有减肥的效果,对此汪虹老师解释道:"瑜伽特有的腹式呼吸法对控制食欲的脑部摄食中枢有良好的调节作用,能防止过度进食。瑜伽呼吸能增加体内含氧量,加快燃烧体内脂肪细胞。瑜伽是有氧运动,每周2～3次的瑜伽练习配合有效的呼吸,会帮助你消耗多余的热量。瑜伽减肥效果是在不知不觉中体现出来的,需要耐心。对急于要立竿见影减肥的,只是一种辅助方法,要配合其他有氧和力量锻炼。"

在帮助他人中收获感动。2007年,汪虹老师组织瑜伽俱乐部成员志愿队去敬老院,虽然途中历经波折,但是这在志愿者们眼里都不是问题,敬老院的老人们需要的是关心、是温暖,志愿者们给老人们唱歌、跳舞,给老人们带来了欢乐。给老人们梳梳头、剪剪指甲,这些看似不起眼的举动,都能给老人带来暖心的安慰。后来,俱乐部成员又组织了探访特殊学校,用形体去和那些聋哑儿童交流,关心他们,虽然相聚的时间只有半天,但每次离开都让孩子们依依不舍。老人、孩子需要的不是物质上的满足而是心灵的安慰。

瑜伽俱乐部每年都会有开学典礼演出、元旦晚会和体育节表演等演出,每次表演前的训练都很辛苦,从开始的每周两次到每周五次六次到每天三次,训练的过程诠释了"台上一分钟,台下十年功"的含义。训练时,每一名选手都汗流浃背,有时候甚至没时间吃饭。但是大家在一起,为了共同的目标,一切辛苦都会变得美好,他们要把最好的一面展现给大家。汪虹老师希望瑜伽能够在学校被广泛认可,尤其是被男性认可,守着"我一定能做到、我一定能做好"这样一种信念,她以德培德,以能养能,只为将俱乐部推向更高的层次。

"桃李无言,下自成蹊"。正像学生所说:"汪老师,您像蜡烛,燃烧了自己,照亮了别人;您像母亲,慈爱而无私;您像阳光,温暖着每一个学生。是您让我们感受到一个老师的伟大,我们将以您为标杆……"

躬亲任劳为人师　竭力潜心燃火花
——记合肥学院健美操俱乐部教师周瑞英

合肥学院新闻中心学生记者　裴丽娜　郑麒权　胡燕

合肥学院火花啦啦队是合肥学院校园活动开幕式上一道亮丽的风景，它的表演总能引得大批学生的尖叫与欢呼，在外参加各类比赛，也同样能取得优异成绩。火花啦啦队的成功我们有目共睹，火花啦啦队的成员总让我们拍手称赞。但正如我们所说的，每个成功男人的背后总有着一个贴心睿智的女人一般，火花啦啦队的亮丽绽放离不开指导老师周瑞英，这个被火花啦啦队成员亲切地称为"周妈"、为健美操倾力奉献的老师。

见证"火花"的绽放

2007年，在一次外出培训中，周瑞英与"啦啦操"偶然相识，从此结下了不解之缘。当时，精彩的啦啦操表演给她留下了深刻的印象，至今她仍记得其中的每一个细节。她觉得自己的学校也可以成立一支这样的队伍。

回校后,周瑞英果断地与她健美操俱乐部的同事汤群着手筹建合肥学院的"啦啦操"队伍。2008年,火花啦啦队正式创立,这支年轻的队伍参与了当年校运会开幕式的表演,因为表现出色,火花啦啦队也从此成为校园重大活动开幕式的常客。

当时为了让队员们开阔眼界、提升水平,周老师准备带着她们到校外参加比赛。"刚好2009年给我们提供了第四届大学生活力大赛这个机会,我们想不管能不能拿到名次,迈出第一步,才是我们新的开始。当时队员们很紧张,我时刻鼓励她们,让她们展示自己最棒的一面。幸运的是,我们最终拿到了第三名的好成绩。当然,除了幸运,少不了赛前充分的准备。"周瑞英笑着说,"也正是从这次比赛开始,火花啦啦队慢慢被大家所熟知"。

火花啦啦队创立之初,招新时门可罗雀,招新标准也较侧重外形方面,老师的教学及与队员的沟通尚未掌握足够的技巧。随着火花啦啦队的发展,其整体素质逐步提高,招新标准也更注重成员的身体协调性。为了在比赛中取得优异成绩,就需要进行刻苦的训练。热身、训练对火花啦啦队成员来说是每天的必修课。进行高强度训练后,衣服拧出水来是常有的事。对于学生们的辛苦训练,周瑞英很心疼也很欣慰。刚加入火花啦啦队的队员都没有什么舞蹈基础,韧带的柔韧性远远不够,平时的训练中经常采取几个人压住一个人、强拉韧带的方式。每次拉韧带,总会有队员忍受不了疼痛,但为了整个团队,每个人都咬牙坚持。

教学过程中,周瑞英参与了合肥学院的俱乐部制改革。改革突破以往体育课的束缚,在俱乐部中实行会员制,通过老师培养一部分助教,以学生教学生的方法提升学生的个人能力,同时提高学生的学习兴趣。周瑞英向来注重学生自身能力的培养,她相信,任何学生,只要老师不放弃,最后都能成长得很好。每个人都需要尊重,师生之间亦是如此。周瑞英认为老师对学生适时的鼓励和认可是一股不可忽视的力量。

合肥学院经常派老师前往全国各地参加一些培训,组建火花啦啦队的想法就是在一次培训期间诞生的。在参加北京大学的一次培训中,周瑞英接触到在传统啦啦操的基础上引进的中国风健身舞和节奏体语。健美操虽然具有动感但是缺乏美感,将民族特色舞蹈加入其中,增加特色进行创新,可以给人新颖之感,周瑞英认为,节奏体语作为中国人新创的一个体育项目,有很大的发展空间,值得花一些精力去了解并推广。培训后不久,周瑞英联合其他老师在合肥学院举办了第一届节奏体语大赛,大赛的成果也很令人满意。周瑞英说她最欣慰的不是这些:"当时在节奏体语的比赛现场,每听到一些学生感叹没能参加这次比赛,或是下决心要参加下一届比赛时,心中就会觉得自己的努力没白费。学生们是发自内心地喜欢这个体育项目的。"

对于未来进一步的发展,周瑞英心中早有想法。从开始接触中国风健身舞项目,周瑞英就将其纳入发展计划。中国风健身舞中展示的各族舞蹈很有韵味,周瑞英计划建立一个中国风健身舞舞蹈俱乐部。对于火花啦啦队,她们的目标是走出国门。"虽然现在没有这个条件,但我们有信心最终会达到这个目标。"周瑞英自信地说。

周妈与她的两个"儿子"

在家中,她是幼小的孩子的母亲;在学校,她是火花啦啦队的周妈。她见证了儿子、火花啦啦队两个孩子一系列的成长历程。每当周瑞英与他人分享其中的故事时,她都忍不住几度哽咽。

在工作上,周瑞英很要强,虽然有时候工作很苦很累,但她都努力坚持了下来。正因为事业心很重,周瑞英一直觉得对自己的孩子有些亏欠。孩子8个月大的时候,周瑞英又一次随团外出接受培训。在外几天的煎熬难以言表,和家人通话时听到孩子哪里不舒服、又哭了之类的话又无处可说,难过与无奈就这样一直盘旋在周瑞英的心间。队伍因为参加各种比赛经常需要集训,队员们总是利用中午午休和晚间的闲暇时间加训,周瑞英也寸步不离地守在一旁指导。当时火花啦啦队刚成立不久,周瑞英一心扑在队伍上,仔细回想,周瑞英总是觉得对不起孩子。现在周瑞英每天都会抽出时间陪孩子,努力地做一些补偿。

谈到另一个孩子——火花啦啦队,周瑞英心中除了骄傲还有幸福。平时训练完,周瑞英就呆在训练馆和队员一起吃饭。虽然大家都很累,但一起讨论着队形、动作或者是其他事情,每个人都很享受。周老师分享道:"师生之间的沟通是很有必要的,当你走进他们的内心世界,你会发现他们比你想象的更优秀。"火花啦啦队成员在不断的训练和学习中,也在不断地成长。几届啦啦操大赛和节奏体语大赛的成功举办离不开火花啦啦队成员的付出。每次比赛前,火花啦啦队成员都会被安排到各个系对参赛队伍进行训练,每次比赛场上精彩的舞蹈也都离不开火花啦啦队成员的精心编排。一次节目编排时,周瑞英询问了一个队员的意见,结果她的构思很是令周瑞英满意。周瑞英随后谈道:"这个学生刚进入火花时,并没有得到我的过多关注,但通过那一次的交流,我对她有了更全面的认识。后来我也仔细琢磨了这件事,觉得每个人都很棒,只是你要给他机会。平台很重要,好的机会需要人去把握。火花的成立、成长其中也有着这样的道理。"

参加各类社会活动、演出等,对学生的心智有着很好的锻炼。周瑞英认为拥有自信心特别重要,而外出表演之类的活动对自信心的培养有着很大的帮助。一个人拥有了自信,他的闪光点才容易被发现。火花啦啦队的前任队长张莎就是一个很好的例子。刚入队时张莎是个不起眼的孩子,抱着热爱舞蹈的心,她一直在坚持。从普通队员到助教,再到火花啦啦队队长,张莎一直在成长。在她的带领下,火花啦啦队一路披荆斩棘,向众人展示了"聚是一团火,散是满天星"的风景。

火花啦啦队队员历经辛酸但却成长迅速,她们羽翼渐丰是因为每位成员不惜挥洒汗水。流年似水,只为点燃"火花";且行且忆,但求青春无悔。火花啦啦队的存在就是一道亮丽的风景,更重要的是它在被点燃之后也丰富了无数人的年华。

心若灿烂艳阳　永驻刹那火花
——记合肥学院火花啦啦队队长张莎

合肥学院新闻中心学生记者张丹丹

梦想就是——音乐、节奏、舞鞋、队友,再加上一个镜子里表情认真的自己。汗水沾湿额发,她干脆利落的一个回眸,就这样定格在那个夏天的灿烂艳阳中,每一个舞步都在舞蹈教室的地板上擦出美丽的火花。

成长,从律动开始

"其实上大学之前,我一点舞蹈基础都没有。"张莎笑着坦言。就像每一个大一新生一样,刚刚进入大学的张莎多少有些青涩懵懂,对校园里缤纷的生活和应接不暇的学生组织感到新奇又无所适从。大一上学期,张莎凭借良好的身体素质和舞台表现力顺利通过教育系学生会艺术团面试,进入系啦啦操队训练。但是毫无基础甚至连韧带都很难拉开的她在训练中常常碰壁。"别人很轻松就能做到的动作对我来说就挺难的。"但她并没有知难而退,相反,她总是抽时间练动作,忍着疼痛拉韧带。为了在院级的啦啦操大赛中取得好成绩,张莎和队友们主动要求加练,每晚训练到十点才回寝室休息。就这样,张莎一路向前,明媚如花开向阳,一举获得院健美操大赛冠军,并很快加入院健美操俱乐部和火花啦啦队,从一个健美操界的"门外汉"成功转型成"专业派"。

"本以为进入火花啦啦队跳的操会跟在系里区别不大,学动作就可以了。可是我错了,健美操各方面要求都比啦啦操要高。"与队里其他老队员相比,刚进入火花啦啦队的张莎基本功不算扎实,舞龄不算长,身体条件也不够好,就好像是躲在天鹅身后的丑小鸭,拨开芦苇丛看天鹅在湖中自然地舒展翅膀,然后一知半解、照模照样地学。训练时间,她在舞蹈房里全神贯注地学技巧;训练结束,她仍对着镜子一丝不苟地掰动作;回到寝室,她边压腿边看书,变着法子拉韧带……终于,她慢慢学习和成长,从后备队员成为队里的主力,又坚定地挑起了火花啦啦队的大梁,成为火花啦啦队队长。"训练确实辛苦,可是我觉得很值得,想想那段最初的日子,忽然觉得现在的自己一步步走来足迹是很清晰的。"

"当然也有过很想放弃的时候。"张莎分享了自己的经历。当时临近比赛,又是期末,要训练、要复习还要考试,常常训练结束回到寝室就已经累得看不进书。很多队里的姐妹都选择了放弃,有的甚至离开了火花啦啦队。张莎一度心情沉重,也有了放弃的想法。无奈之下,她把自己的想法告诉了队里的学姐。那一晚,两个女孩子聊到深夜,"我记得学姐对我说:'老师那么看好你,队里那么多人对你都很有信心,你怎么可以让她们失望。'当时我就清醒了,我应该坚持下去的"。一句话,一个多月的拼搏,张莎不仅漂亮得拿下了那场比赛,也高分通过了所有专业课的考试。

汗水,渗透青春的乐章

人说"台上一分钟,台下十年功",用这句话来形容火花啦啦队再适合不过。大一集训的那个夏天,不知有多少汗水被洒落在舞蹈教室里,留下无数青春印记。

暑假之后就是省赛和全国赛,可是学期末忙于学业的队员们很难再挤出时间训练,假期是提升的最后机会。于是,放弃了一夏天的空调和软床,张莎和队友们带着简单的生活用品来到了学校练功房,漫长又艰苦的暑期集训就这样开始了。休息室里两张沙发、几只睡袋,姑娘们一住就是一个月,每天一睁开眼睛就是压腿热身,一直到睡前还在掰动作,那样单调却纯粹的生活让几个女孩子至今记忆犹新。"当时也不觉得多苦,后来想想还真是佩服自己。现在一旦遇到挫折我就会不自觉地想起那个夏天,那样的日子我都过来了,已经没有什么过不去的了。"聊到那段时光,张莎笑得无比释然。"每天吃一起住一起,训练间隙,我们也会几个人聊聊天玩玩游戏,感情特别好。我还记得有一回下暴雨,大家半夜惊醒,七手八脚地帮忙排水,最后六个女生在会议室的圆桌上睡了一夜。"

机会总是留给有准备的人,一个夏天的集训也终于在秋天结出了丰硕果实。赛场上,火花啦啦队激情绽放,每个队员的笑容里都因沉淀出一整个夏天的成长而无比从容。2012年秋天,火花啦啦队获得安徽省第十届健美操锦标赛5～12组第一名、三人组第四名、安徽省大学生健美操比赛六人操第七名、三人操第七名以及全国啦啦操竞赛花球二级第二名和花球规定动作第四名等众多省级、国家级奖项。而那些关于火花啦啦队的青春印记,就这样留在了那个狭小的休息室里,留在了那个有暴雨有阳光的夏天。

当我们问及训练和学业如何平衡的时候,张莎笑了,"我觉得这是我们专业的优势,训练和专业课是相辅相成的,课堂与训练相互补充,我反而觉得轻松多了"。张莎的专业课成绩在班里一直很优秀,她认为这与长期以来的健美操训练也是分不开的。舞蹈、声乐、钢琴、舞台表现力……她似乎是在专业课程和健美操俱乐部训练中找到了真正的自己——那个无惧悲伤、一心向阳的敢于勇往直前的女孩。

蜕变,因为感情和责任

在火花啦啦队三年,张莎从当初的青涩慢慢成熟,她付出很多,却也收获颇丰。在被问及大学生活中最大的收获是什么的时候,张莎毫不犹豫地回答:"和队友、老师之间的感情。"

"我们之间从来都不会有矛盾,因为训练太累了,大家根本没精力掐架。"张莎开玩笑说。火花啦啦队的队员们感情都很好,大家的性格很像,都是大大咧咧、不拘小节的女生,从来不会因为一点小事闹矛盾。至于俱乐部的两位老师,女孩们都亲切地喊她们"妈妈"。在学校,远离了妈妈的唠叨和偶尔会忘了放盐却永远温热的饭菜,却在火花啦啦队里得到了老师无微不至的关怀。老师总是亲切地叫她们的小名,督促她们按时吃饭睡觉,生病的时候陪在她们身边……"遇见周妈和汤妈,大概是最幸运的事!"

只是,世间的一切情感既在聚合中发酵,也在别离中迸发,有一些别离浸透了甜酸苦辣,却不得不忍住眼泪,去选择承担更多的责任。2013年12月,在中国大学生健美操艺术体操锦标赛上,火花啦啦队又一次耀目绽放,一举获取多个团体奖项。队员们欢欣雀跃,身为队长的张莎内心却百味杂陈,她知道,是到了该要离别的时刻了。比赛结束当晚,老师把队员们叫到一起,总结一年来的收获,交流一年来的感受,也谈火花啦啦队的未来。训练的时光、受过的伤痛、得到的喜悦……还有很多很多。有的队员说着说着就哭了,那些眼泪里包含太多对青春的留恋,"所有受过的挫折、流过的汗水还有付出的收获,我们冷暖自知,并且感同身受"。

比赛归来,张莎开始交代下一届队长接替火花啦啦队的各项工作,从比赛的筹备、训练的安排到服装的制作、花球的存放,事无巨细、无一遗漏。火花啦啦队就像是张莎一心照料成长的花卉,不这样手把手地交给下一个人,她总不能安心。当我们问及离开火花啦啦队一线有什么感想的时候,张莎说:"'铁打的营盘,流水的兵',也许每一个组织都是这样,你给它带来一些东西,它回馈给你更多一些。我在火花啦啦队的时间比在系里还要长。尽管大学生活还有一年,但我敢肯定,今后提及大学四年生活,我的脑海里一定都是关于火花啦啦队的记忆。至于离开,那一定不舍,但我会做好交接,我希望以后的火花啦啦队可以聚集更多喜欢健美操和啦啦操的人,希望大家可以多坚持一年两年,那么火花啦啦队的状态也会更好。"

"三年蜕变,破茧成蝶"。当年加入火花啦啦队时依然年少懵懂的张莎终于亭亭,无忧亦无惧,而所有关于火花啦啦队的记忆也定格成永恒。采访过程中,张莎一直在笑,眼神里溢满光芒。也许若干年之后待我们回首,依然会看到那个向阳而生的舞蹈精灵在那个夏天的练功房里不断跳跃、旋转,然后定格在回眸的那个瞬间。

偶然转身瞬间 一段别样年华
——记合肥学院机械工程系周盼

合肥学院新闻中心学生记者陈玲 张娜娜 刘森梅

瑜伽馆里,有他刻苦训练、充满活力的身影;自习室里,有他求知好学、孜孜不倦的背影;文艺晚会上,有他柔美舒展、夺人眼球的表演。他就是合肥学院的"瑜伽王子"——周盼。

偶然转身 踏上不同道路

一次偶然的转身,使他改变了自己既定的轨道。然而,正是这次偶然的转身,给他铺垫了一条完全不同的道路;正是这次偶然的机会,开辟了属于他的另一片天地。

和许多人一样,怀揣着激情与梦想,周盼走进了人生中的象牙塔——合肥学院。入学之初,他怀着"初生牛犊不怕虎"的冲劲,参与到"新生杯篮球赛"的训练中,希望能在自己热爱已久的篮球运动中大展身手。面对高强度的训练,他从不抱怨,乐观的天性和不服输的性格支撑着他一路坚持。也许,如果没有意外,他会在自己最爱的篮球之路上一直走下去,但命运跟他开了一个"玩笑",也是对他的一个"微笑"。合肥学院在体育教育内容和方式上进行了重大改革,体育课程以俱乐部的形式推向广大学生,由学生根据自己的兴趣爱好自主选择。但由于各种原因,周盼错失了加入篮球俱乐部的机会,阴差阳错地进入了瑜伽俱乐部,开始了他奇妙的瑜伽之旅。

当时他并不是很喜欢瑜伽,因为他认为瑜伽是专属女性的健身运动,以至于在体育课上蹑手蹑脚。所以,他有时会请假去进行篮球训练,为新生杯比赛做准备。然而,随着时间的推移,对瑜伽了解的加深,他渐渐对瑜伽产生了浓厚的兴趣,瑜伽慢慢成为他生活中必不可少的一部分。现在的他褪去了原有的羞涩和腼腆,拥有的是自信和微笑。

毅然坚持　执着艰难训练

自加入瑜伽俱乐部,经过短暂的迷茫和磨合,周盼很快进入状态,并确立了自己的目标。简单的目标,简单的梦想,却要付出极大的努力。在他身上,不仅有理科生应有的睿智,还有其他人没有的韧劲,这些全部在他的训练过程中得到了见证。合肥学院有三个校区,周盼的住宿楼在三期,而瑜伽馆坐落在一期,两地之间有一段遥远的距离,但每天来来回回的奔波丝毫没有削减他对瑜伽的热爱。虽然瑜伽馆设施不够齐全,但不管是炎炎夏日,还是凛冽寒冬,他都毅然坚持,将训练进行到底,因为他认为艰苦的环境是对他的考验,他必须好好把握每一个训练的机会。

舞台下的汗水,成就了他舞台上的风采。对于他来说,拉韧带是他瑜伽道路上面临的最大难题,"有时候真的忍受不了压腿的疼痛,曾经也有过想要放弃的念头,因为拉伤韧带是经常发生的事,我有些挺不住了,"他回忆道。最终,他还是坚持了下来,或许是老师的信任与支持,或许是队友的鼓励及陪伴,也或许是他自身那种好强、不服输的性格。为了不让其他人失望,周盼勤加练习,在瑜伽方面有了很大进步。训练期间,他总是严格要求自己,每一个动作,都要做得干净漂亮,他力争做到完美,争取做到最好。他的老师汪虹在接受采访时说道:"周盼是一个很有潜力的学生,端正的态度、进取的精神,这都是他能取得现有成绩的原因,也是他能在瑜伽的道路上越走越远的重要原因。我相信他一定会非常优秀、非常成功的。"

两载艰辛　赛场征战硕果累累

经过两年的训练,周盼已渐渐成为合肥学院瑜伽俱乐部的主力军。2012年的10月他踊跃参加了第二届全国绿色运动健身大会瑜伽项目竞赛,凭借雄厚的实力与坚定的信心,他既在比赛中展示了自己的实力和风采,也为学院和自己赢得了荣誉。

"在老师看来,我是乐观、自信的。其实,赛前我给自己施加了很大的压力,因为我想取得优异的成绩,"周盼在采访中如是说。此次参赛,他期待着扩充视野、学习经验、结交好友,他的目标是赛出自己的水平,比出自己的实力,获得优秀的成绩。这是他对自身的要求,结果也证明了他的实力。凭借着扎实的基础、舒展的动作、良好的外形与气质,他最终在激烈的竞赛中技压群雄,获得了男子单人个人组冠军,这也成为他瑜伽生涯中浓墨重彩的一笔。"当知道结果时我真的很激动,立即发表了一条'此时此刻我是全国第一'的动态,来表达那时的心情。"当被问及比赛后的心情时,周盼至今还满怀兴奋。这是他第一次参加比赛,也是第一次取得全国赛第一的好成绩,对他来说这是极大的鼓励,也让他在瑜伽的路上越走越自信,越走越精彩。此后他在国家级和省级的多项比赛中,都发挥出自己的实力,连续取得了优异的成绩。

通往梦想的路很长,但他以汗水为养料,让希望之花美丽绽放。每次比赛前,夜以继日的疯狂训练,让他身心疲惫,但每场演出结束后,观众们的掌声、欢呼声,成了他最喜欢的礼物。不仅是比赛的荣誉让他开怀,他还结交了很多志趣相投的朋友,认识了很多教练与裁判,学习到了很多瑜伽的知识,这为他以后的发展提供了更多的选择。

青春做伴　向着梦想远航

周盼,从一个"门外汉",到现在的瑜伽俱乐部技术部部长,他付出了太多太多。大二暑假,在家人的支持、老师的鼓励下,他成功考取了"瑜伽导师证",这是又一次对他的鼓舞与证实。

"我现在对瑜伽已经是无法自拔了。"当被问及对瑜伽俱乐部的后期发展规划时他说道:"我希望能扩大瑜伽俱乐部的知名度,俱乐部的传统能得以继承,能发展得更好、更完善"。为了实现这一规划,周盼在俱乐部内组织了更高水平的队伍,对他们进行集训,去参加各项院级以上的表演与比赛,以扩大俱乐部的影响力,形成自己的品牌。会员王金红说:"周盼学长是一个极其负责的教练,他要求我们每个星期训练两次,每次都按时签到、按时查课。他严肃的态度、负责的指导是我们提升瑜伽动作标准度、整体水平的重要保障,我们真的很敬佩他、感谢他!"

作为一名大三的学生,周盼并没有忘记自身的学业。"学习的时候就静心学习,训练的时候就专心训练,我会尽力找到学习与训练的平衡点,合理安排自己的时间,找到适合自己的方法。"这是周盼对待学习的态度。三年来,尽管训练的时间很紧张,但是他从未耽误过学习,在专业课上取得了优异的成绩,为自己树立了良好的形象,为别人树立了很好的榜样。

时光如白驹过隙,转眼,周盼已在合肥学院度过了三年,其间有欢乐也有泪水,有成功也有失败。是苍鹰,总会翱翔,有努力,总会有收获！青春路上,他坚持,他努力,他无悔,向我们证明了青春是用来拼搏的,不是享乐的。谁也不知道下一个转身,会遇见什么,每一次选择,每一道障碍,都是考验。周盼,在偶然转身的瞬间,用"坚持,无悔"书写了一段别样的年华,展示了亮丽的青春风采。

筑梦羽毛球 挑战无限可能
——记合肥学院旅游系曾执钧

合肥学院新闻中心学生记者周红玉 郑晓青 王妮佳

感谢你给我的光荣/我要对你深深的鞠躬/因为付出的努力有人能懂/感谢你给我的光荣/这个少年曾经多普通/是你让我把梦做到最巅峰/这是属于我们的光荣/敢想敢做的人不平庸……

——《光荣》

他，多次获得各级羽毛球大赛冠军，一次次刷新着成绩，将自己的梦想做到最巅峰。就如冰心笔下那成功的花，曾执钧的成功之花离不开汗水的滋润。大学四年，他与合肥学院羽毛球俱乐部结下了深深的情缘，收获了成长与感动。

一场邂逅，与羽毛球结缘

1994年出生的曾执钧，初进大学时只有17岁，"大学生活和我想象中的不太一样,没有想象中那么轻松"。他不晓得如何安排自己的时间,只知道每天按时上下课。直到那一天,曾执钧看到羽毛球俱乐部展出的精美海报,海报上手绘的两个正跃起打球的运动员矫健的身影、有力的扣杀吸引了他的目光,他立即就报名了。此后,他便将注意力转移到羽毛球俱乐部的活动上,通过在运动场上运动来丰富自己的课余生活。

进入羽毛球俱乐部后,他完全被羽毛球所吸引,可以说是没日没夜地琢磨着羽毛球的打法,每天一有空就去俱乐部练习。高强度的训练使他经常受伤,到校医院进行中医针灸、推拿成为常事。不过,也正因为如此,他练就了一身好体力和好技术。

曾执钧与其他会员不太一样,他觉得既然入队,便是要为比赛而战。比赛之前,运动员的训练强度很大。赛前的每一天,从下午2点到晚上8点,他都和队友们连续训练6个小时。训练时身上有伤是常有的事,脚踝韧带拉伤已是家常便饭。羽毛球这项运动,打球过程中需要运动员不断地跃起,通过腰部的转动来增加手臂的力量,从而完成完美的击球。曾执钧训练完常常后腰很疼,晚上躺在床上都会被疼醒。但为了金秋那沉甸甸的麦穗,他决心不辜负春天。每一次赛场上精准有力的扣杀、利落的吊球,看似一气呵成,其实都是曾执钧训练场上的努力换来的。沉甸甸的果实总是会把枝头压弯,而空洞的果壳总是被风吹走。曾执钧明白,要想奋起追求梦想,就要多承担一些责任,给自己加满"水",只有负重前行才不会被风暴打翻,才能让自己的梦想航船行得更稳。

"我喜欢一句话——不经历风雨,怎么见彩虹,没有人能随随便便成功,也一直把它当作激励我前行的座右铭。其实,这也是我们团队所有人的精神信念,累的时候、想要休息的时候,大家咬咬牙,也就坚持下来了"。只不过令曾执钧比较无奈的是,每次父母给他打电话,自己都因为忙着训练,匆匆地挂掉了电话。远在家乡的父母难以理解,为什么自己的儿子总是那么忙。

曾执钧大四时,身边的同学都在为毕业、找工作奔波忙碌,他却忙于参加各类羽毛球比赛。父母、同学和朋友都无法理解他对羽毛球的执着,劝他把精力转移到就业上。但曾执钧没有放弃,他想给自己大学里的羽毛球生涯画上一个圆满的句号。在安徽省第十三届大学生运动会上,曾执钧和他的伙伴——2012级化工系的李胡宝在羽毛球男子双打项目上摘得桂冠,这也为合肥学院羽毛球的比赛历程画上了浓墨重彩的一笔。

披甲上阵,自当全力以赴

狄更斯说过:"顽强的毅力能够征服世界上任何一座高峰。"2013年6月份,安徽省"波力杯"羽毛球大赛,曾执钧代表学校参加单打比赛。比赛前的训练,包括技术和体能训练两部分。为了加强体能训练,赛前,曾执钧每天傍晚都坚持去田径场跑步。当时的操场还没有塑胶跑道,有的只是一跑动就扬起尘土的黄土操场。地面平整度小,坑洼多,因为沙子的摩擦较小,所以跑动起来滑倒的几率大。特别是下雨天过后,跑几圈下来,原本干净的白鞋都是泥渍斑斑。但这些丝毫没影响他训练的热情,他风雨无阻地坚持跑了一个多月。此外,他还会在教练的指导下,开展一些专门的技术训练,如对角高远球的练习、直线高远球的练习、网前球练习等。曾执钧把握赛前的每一次训练机会,他认为,多掌握些比赛的技术,也许就是赛场上决胜的关键。

比赛前一天是周五,为了给他加油打气,几个朋友一块去学校附近的饭馆聚餐。大家平时都很忙,难得相聚,他们一直聊到深夜。第二天一早,曾执钧就赶赴赛场参加比赛,第一场比赛他的对手是安徽农业大学的运动员。羽毛球赛制为每场三局两胜,率先得到21分的一方赢得当局比赛。没有休息好的曾执钧精神状态不佳,第一局便输给了对方。

当时曾执钧心里就觉得有点慌张,毕竟是省级比赛,他代表学校参赛,觉得一定要好好发挥,不能给学校丢脸。之后曾执钧迅速调整好自己的状态,终于连胜两局,扭转了局势。各大高校的高手齐聚赛场,"波力杯"的每场比赛都很艰辛。每位选手实力都很强,最后关头拼的就是体力。比赛前的体能训练起了作用,在一场场持久战中,他坚持了下来。最终,曾执钧一举夺冠,摘下了一等奖的奖牌。

拥有梦想的人不做选择题,他们只做证明题。在2014年5月举办的安徽省第十三届大学生运动会羽毛球比赛中,曾执钧和他的搭档李胡宝凭借默契的配合与过硬的技术,最终突破重围,一举摘得男子双打的桂冠。可比赛过程也很艰辛,刚开始时,曾执钧和李胡宝的状态不是很好,小组赛第一局时,就打得很吃力。李胡宝参加比赛次数不是很多,因而经验上有些缺乏,再加上他本身就是个很内敛的人,蓄积的力量一直未被激发。对方步步紧逼,越战越勇。打到第三局时,曾执钧一度觉得心里很窝火,"当时真想把球拍扔掉,打李胡宝几下出出气"。李胡宝也明白,曾执钧代表学校被寄予厚望,随之而来的便是与之成正比的压力,但曾执钧习惯性地把压力放在心底,这次比赛却因为自己的保守已经失去了先机,他心里也不好受。曾执钧没有被情绪所左右,他知道现在的自己不能慌,他需要给同伴信心与力量,和他一起好好地完成这场比赛。为了给李胡宝更多的信心,之后他们每得一分曾执钧就和他击一次掌,大喊鼓励的话给彼此助威。感受到来自曾执钧的鼓励,李胡宝不再畏惧,他体内蓄积的力量一下子爆发了出来。双方靠着这份默契,在之后的比赛中表现优异,苦战几番后终于赢来了胜利。

之后的八进四比赛中,合肥学院对战中国科技大学,曾执钧和李胡宝亦是丝毫不敢松懈,抢节奏,抓配合,不仅路线被对方牵制得紧,裁判也给了他们很多压力。羽毛球俱乐部指导老师王明波觉察到两位参赛者状态不佳,趁着休息时间找到他们:"球场如人生,一切都是靠自己,我能做的就是给你们引导。既然都上场了,难道还害怕对手吗?不到最后关头就永远也不知道结果,你们一定要永不言弃,调整好心态。"经过王明波老师的心理辅导与战略指导,他们迅速进行调整,用最佳的状态迎接比赛,最终突破重围,摘得桂冠。

蓦然回首,最初梦想依旧

2012年2月,曾执钧因表现出色被选任为羽毛球俱乐部的中级会员助教。私下里,会和队友们称兄道弟的他,一上训练场,就严肃起来了。身为助教,他有义务去协助教练推进俱乐部的教学工作。羽毛球比赛中的运动量是非常大的,因而需要对学员们加强身体各个部分的体能训练。曾执钧采取自行探索的训练方式,针对每个学员的身体状况,为他们制定相应的训练任务来适应不同人群个性化的需求,推进教学更加高效有序的进行。手腕爆发力不够的学员,曾执钧就让他们通过小臂的外旋、内旋、上扬等动作反复练习。腰腹肌的训练除需要仰卧起坐这些基础的项目外,曾执钧还让学员们观看并学习一些羽毛球专用健身操。此外,他还要求大家用双摇1000个的训练量来锻炼脚踝的灵活度。不过,他对一些女学员的要求会降低一些,毕竟女生与男生在体质上有所差别,锻炼膝盖力量时,女生蛙跳的个数会减少一些。羽毛球俱乐部主任戴煜透露,曾执钧私底下是一个很好相处的人,不过一旦涉及羽毛球,他就会变得特别严谨。曾执钧个人能力很强,团队意识也很强,王明波老师对他的能力很信任,有他担任助教,减轻了不少负担。

曾执钧对羽毛球俱乐部有着极深的感情,也有着更为透彻的看法。他希望俱乐部能有一套更加正规的规章制度来维持俱乐部自身的发展,使它得以壮大,他也希望俱乐部能将因材施教这四个字做得更好。

自己学习东西,和教别人学习东西是不一样的。要让学员掌握透彻,完成知识的转化,不是一件简单的事情。不过对于曾执钧而言,担任助教也给自己带来很多益处,和学员沟通交流的多,自己对知识点的掌握也会更透彻。大学四年的生活过得很充实,通过俱乐部他结识了很多人,四年来,曾执钧不仅结识了本校的很多羽毛球爱好者,还和其他高校的运动员"不打不相识",成为了好友至交。

今年夏天曾执钧毕业了,但他说,以后还会常来俱乐部里看看。回想起过去四年对于羽毛球的付出,总有一种青春没被浪费的感觉。曾经的他在意结果,每次比赛都想要得第一,四年的经历让他看淡了得失;曾经的他对于家人的不理解感到苦恼,现在的他身边有了很多支持他的人;曾经的他不知道学习和教学是不同的,助教生涯让他感受到了教学的困难之处。和羽毛球俱乐部一起经历了太多,在现在这个快要离开的日子里,总会有太多的不舍。

俱乐部随想

篮球俱乐部主任
机械系05机制二班蔡志文
2007-12-24

我的前任赴德国留学,在接任篮球俱乐部主任的半年里,在组织并参加俱乐部中、高级会员的篮球联赛中我的感触颇多。

我认为我们学院将旧有的教学模式——体育课改造为以训练、比赛、活动为主的俱乐部模式,同学们非常喜欢。过去,大多数的同学抱着这样一种目的来上体育课——拿学分。这可以说是应试教育下同学们的一种普遍心态。而实行俱乐部改革之后,教学模式发生改变,学生的上课目的也发生了相应变化。因为我们有俱乐部的篮球联赛,上课的学生以在联赛中取的好的名次为目的来参加训练和比赛。积极性的提高是一方面。最主要的是学生之间团结了。因为我们不仅仅是同学,我们还是在球场中一起奔跑的队友。无形中,同学们从只想着为自己拿学分变成为球队争取好名次,个体融入了团队。我感到实行俱乐部改革后最显著的作用就是培养了同学们的团队精神、增强了他们之间的凝聚力。

俱乐部联赛开始后,参赛队之间的竞争非常激烈。如果你的队伍有竞争力,那么你就能在联赛中一展身手。反之,就要被淘汰。这就迫使每一支参赛队都去反思,怎样才能更好地发展自己。我认为这种反思的心态在当今社会是十分必要的。随着就业压力的增加,只有能够清醒认识自己的人才能够更好地在社会中立足。从某种意义上说,在大学中学习不是最重要的,最重要的是学会学习。如果能在大学中学会随时反思自己,我想这对于将来一定是一笔珍贵的财富。不仅如此,在当今竞争激烈的社会,想要取得成功,仅仅做到内部团结是不够的,还需要对外的交流。兵法有云:知己知彼,百战不殆。如何做到知彼?这就需要交流,学会如何与对手交流。卡耐基曾说过:一个人的成功,专业技术只占百分之三十,其余的百分之七十来源于人际交往。一支球队想要胜利,不光是要打出自己球队的特点,还要针对不同的对手采取不同的策略。这就需要深入地了解每一位对手,想要做到这一点,首先就要做到与对手交流。

在旧有的教学模式中,老师为了照顾大多数的同学,同样的内容也许要讲好几遍,现在,俱乐部的老师不仅可以对不同程度的学生进行不同的指导,而且还可以根据球场上不同的位置、不同的人,针对性地进行指导,给出更合适的建议,这对于同学们个人水平的提高大有好处。

在俱乐部的日子里

俱乐部联盟主席
生物系 06 环境工程一班 陶佩
2007－12－24

我们每天都在思想或行动上追随着无数的东西。别人上大学,我们也上大学;别人学电脑,我们也学电脑;别人喝可乐,我们也喝可乐;别人打游戏,我们也跟着打游戏……在这个不断变化、各种潮流涌动的时代,我们不假思索地追随着别人,浪费自己的时间、精力和生命。希望我们能在做事情之前,冷静思考一下其中的意义。所以,我选择了俱乐部。

体育俱乐部虽然不是一个新的字眼,但是集训练、比赛、教学、娱乐为一体的大学体育俱乐部可谓是一种新的潮流、新的诱惑。在这里,同学们根据自己的兴趣爱好选择俱乐部,再不用把有限的精力平分到各项运动中去。从各个方面的浅尝辄止到一个方面的精益求精,大家所选择的都是自己真正爱好的体育项目。而且各个俱乐部按照参加同学自身的情况将他们划分为初、中、高级会员。这样,每个等级的会员都有一个属于自己的舞台,真正做到实力相当,可以激发每位同学的潜力。初级会员再也不会因为起点低而没有展示自我的空间。中、高级会员也不必再去重复简单的练习,可以在专门的训练课上、在俱乐部安排的比赛中提高自己。

每学期各个俱乐部都会根据本俱乐部的特点举行相应的赛事。以篮球俱乐部为例：2007~2008学年第一学期举行了声势空前的俱乐部联赛,仅我们黄山路校区就有中、高级会员331人组成的29支队伍,共进行了147场比赛。为增强俱乐部同学之间的交流,要求参赛各队招兵买马、自由组队,真正做到了跨系、跨年级组合,使队伍更有活力、更有战斗力。除此之外,俱乐部每年都会有新鲜的血液加入,交替循环。篮球俱乐部联赛几乎成了全院每位同学课下必聊的话题："我支持'兄弟连',我看好'B-52'"。在新秀赛和全明星赛中还有健美操俱乐部的精彩表演,这种俱乐部之间的合作是大家都希望看到的局面。

俱乐部为大家提供了一个交流的平台,在这里,兴趣是唯一的条件,你能找到志趣相投的朋友;在这里,激情是不变的砝码,大家一起燃烧青春,收获精彩;在这里,快乐是不竭的源泉,无论是队员还是观众,都会有一份体验;在这里,每一刻都值得留念,拼搏的汗水浇灌每个人的心田……

俱乐部,让我怀念

羽毛球俱乐部高级会员
旅游系 10 旅游管理专业曾执钩
2014—07—05

我是 2010 年考入合肥学院的。在新生军训快要结束的时候,通过选拔我加入了羽毛球俱乐部。

一开始我只是俱乐部的初级会员。记得第一次上课时教练教了我们怎样正确地握拍。就像写毛笔字一样,你要想写好字,得先学会正确的拿笔姿势。在教练的指导下,我迅速掌握了握拍方法。接下来就跟着教练的节奏,一点一点地学,发高远球,打高远球,然后吊球,杀球,还有全场移动的步伐,跳球等等。通过半年的学习,我掌握了羽毛球的基本球路,水平慢慢得到了提高。在大一第二学期的时候,我便晋升为中级会员。回想起来,如果不是俱乐部让我几乎每天都可以打球,我的水平也不会提高得这么快:2011 年 5 月,我荣获合肥学院羽毛球男子单打第三名;2011 年 11 月,荣获安徽省大学生羽毛球锦标赛男子团体第八名;2012 年 5 月,荣获合肥市羽毛球高校联赛混合双打第二名;2013 年 5 月,荣获合肥学院羽毛球男子单打第一名;2013 年 6 月,荣获安徽省第十一届"波力杯"羽毛球比赛男子单打第二名;2014 年 5 月,荣获安徽省第十三届运动会高校部男子甲组双打第一名。

平时,即使教练不在,俱乐部良好的学习氛围也让我受益匪浅。俱乐部里那些学长(高级会员)经常以助教的身份教我们打球,带着我们练习,使我们始终充满激情、充满快乐。后来,我也成为俱乐部的高级会员兼助教,经常参加俱乐部的招新和辅导新会员练球。我常跟学弟学妹们说:我不知道其他俱乐部到底怎样,但如果你喜爱羽毛球运动,那么羽毛球俱乐部不容错过。我觉得俱乐部吸引我的地方不只是有教练和能天天打球,更重要的是俱乐部良好的氛围。俱乐部就像一个大家庭,俱乐部的发展与我们每一个人都息息相关,大家都有极强的责任心和荣誉感。大家在遇到困难的时候可以从俱乐部伙伴那里获得帮助和慰藉,有开心的事大家一起分享,这样的俱乐部文化让我们这些远离父母在外求学的大学生倍感温暖,也使得俱乐部在会员心目中充满魅力。

从未想过打羽毛球会发展成为我的特长,这项特长让我在毕业找工作的时候比班上的其他同学轻松许多。我现在已进入一家大型的国企,羽毛球特长帮助了我。一起交流、一起训练,一起去参加和观看比赛,这样的感觉很美好,让我很怀念。

感谢你，让我成长！

健美操俱乐部高级会员
教育系 11 学前教育专业 张莎
2014－09－05

我叫张莎，江苏连云港人。2011年考入合肥学院，今年大四。第一次听到体育选课的时候，我感到既惊讶又好奇，更多的是欣喜，因为我可以选择自己喜爱的体育课。这让高中时极度反感体育课的我顿时对体育课兴趣倍增。最后，我同室友都选择了健美操课，成为健美操俱乐部的一名准会员。一个学期的课程结束后，老师推荐我直接成为俱乐部的中级会员。从此，开始了我大学三年的健美操、啦啦操历程。

很多时候我们中级会员的老师就是健美操俱乐部的学姐。说实话，这样的"师生"彼此年龄相仿，没有代沟，交流起来也没有障碍，这点让我们学得更为轻松与开心。我们会在中午或者晚上上训练课，所以我们从不担心成为中级会员、进行更多的训练会影响我们的专业课学习。训练课的内容根据我们的需要安排。比如，为"俱乐部之夜"大型文艺晚会表演，我们会请老师对我们进行专门的指导、排练。那一年的体育节开幕式上，我第一次在那么多人面前进行表演，也是第一次感受到原来大学生活可以这样丰富多彩。

大二时，在俱乐部的高级会员及骨干选拔中，我光荣地从中级会员成为一名高级会员。第一次给中级会员上课,站在红色的示范台上,一种自豪感和满足感充盈着我的心,我知道,我在进步,我在变得更优秀!一年的时间,我从俱乐部里收获了很多东西,比如舞蹈技巧,比如友情,比如经验。感谢健美操俱乐部给了我平台,我知道,有了这个平台,我能站得更高,看得更远!2012年我获得了全国啦啦操大赛大学组第二名,2013年在北京荣获中国大学生健美操艺术体操锦标赛节奏体语大学组小集体第一名、花球规定动作普通院校组第一名、中国风健身舞大学生组第二名。

　　体育俱乐部自2005年成立至今已经10个年头了,它从一个少年成长为了一个青年,当然,它还在继续成长着。而我,也从一个对舞蹈一窍不通的丫头变成了一个"舞者"。这条路虽然辛苦,却很充实、快乐。健美操俱乐部教会了我太多太多的东西:坚持、拼搏、团结、勇敢与无畏……

媒体印象篇

全国大学生击剑锦标赛落幕

《安徽日报》 陈婉婉

2006－10－31

在日前结束的第十二届全国大学生击剑锦标赛上,我省大学生取得6枚金牌、2枚银牌和3枚铜牌的好成绩。

此次我省参赛选手均出自合肥学院,该院派出了20名队员参加。在甲组(普通大学生组)比赛中,囊括男、女重剑团体冠军;女子重剑金、银、铜牌;男子重剑金、铜牌。在丙组(高水平运动队组)比赛中,夺得男子重剑团体冠军;囊括男子重剑金、银、铜牌和第5名、第6名。这是我省选手参赛以来取得的最好成绩。

据介绍,全国大学生击剑锦标赛是由教育部大学生体协击剑分会主办、每年一届的全国性赛事,分设重剑、佩剑、花剑三个项目和甲组(普通大学生组)、乙组(体育特长生组)、丙组(高水平运动队组)三个组别。本届比赛共有374名运动员参加。

全国大学生击剑锦标赛落幕
合肥学院队勇夺六金

《安徽商报》 刘媛媛 武静

2006—10—31

记者昨天获悉,在日前结束的第十二届全国大学生击剑锦标赛上,合肥学院派出的20名队员参加了重剑项目所有组别的比赛,共获得6枚金牌、2枚银牌和3枚铜牌,16人进入所属组别的前8强、其余4人进入前16名。

在此次锦标赛上,合肥学院击剑队囊括了甲组(普通大学生组)男、女重剑团体及丙组(高水平运动队组)男子重剑团体三项冠军。此外,击剑队崔红友、李雯同学自上届锦标赛获得金牌后,再次分获甲组男女重剑冠军,焦云龙同学获丙组男子重剑冠军。

学子剑客

《新安晚报》

2006—11—01

在近日结束的全国大学生击剑锦标赛中,我省合肥学院击剑队在全国28所高校击剑队中脱颖而出,一举拿下重剑项目的6枚金牌,并获得2枚银牌和3枚铜牌,成为此次大赛的最大赢家。

在锦标赛中,合肥学院击剑队囊括了普通大学生组男、女重剑团体及高水平运动队组男子重剑团体3项冠军。另外,该校学生还分别获得普通大学生组的男、女重剑冠军,以及高水平运动队组的男子重剑冠军。

健康 快乐 美丽

《安徽青年报》

2006—11—13

健美操队的全体阳光队员

绑着沙袋跳楼梯

尊重学生个性选择　改革考核评价标准
——合肥学院成立14个体育俱乐部

《中国教育报》　张立驰　俞路石

2007—01—30

安徽省合肥学院针对公共体育课授课内容形式单一、缺乏吸引力、课外体育活动学生参与度不高、课内外衔接不够的情况,创新学校体育教学与管理模式,整合学校体育资源,在满足学生体育学习个性化要求的基础上,以体育俱乐部形式开展教学,并实行学生网上选课模式。此举受到学生的普遍欢迎,根据问卷调查,学校87%的学生对此项教学改革表示欢迎。

该校立足现有体育场馆及教师资源,成立了篮球、排球、足球、网球、乒乓球、击剑、武术、散打、健美操等14个体育俱乐部,供学生自主选择。该校突出"以学生为本"、"重习惯养成"的教育理念,充分利用早晨与晚上的时间安排俱乐部活动,尽可能将学生的体育学习与健身活动科学合理地融入他们的生活。各俱乐部还针对不同层次的学生会员,确定符合其心理预期和运动基础的教学组织形式,向学生开出"俱乐部学习菜单",供学生课外选择学习。这些做法最大限度地满足了学生对体育活动的个性化需求。

随着教学组织形式的改变,该校对体育考核评价标准也进行了改革。该校规定,一、二年级学生在校期间每周必须参加一定次数的俱乐部活动,并将此纳入体育考核内容。

戴清:一剑在手,尽抒合肥教育人豪情

《合肥晚报》

2007—01—22

  戴清,女,运动健将,国家一级教练员,曾荣获亚洲击剑锦标赛冠军。她1996年毕业于成都体育学院,同年回省体育局任重剑队教练。2005年,戴清作为特殊人才被引进合肥学院,在基础部担任体育教师,兼任学院击剑高水平运动队主教练。2005年11月,在广东举行的第十一届全国大学生击剑比赛中,合肥学院队首次出征即获得2金3银的优异成绩,她本人也被大会授予"优秀教练员"称号;2006年10月,在第十二届全国大学生击剑比赛中,合肥学院击剑队再创辉煌,共获得6金2银3铜牌和体育道德风尚奖。

我省多校试点招收高水平运动员

《江淮晨报》 汪雷

2007—04—05

我省有多所高校经教育部批准,招收高水平运动员。

据悉,合肥工业大学 2007 年面向全国招收手球、篮球、乒乓球、跆拳道四个项目的高水平运动员,其中跆拳道项目只招收男子一级以上运动员。

安徽工业大学 2007 年高水平运动员招生项目是田径、篮球,招生计划为 40 名。

安徽师范大学 2007 年将继续面向全国招收高水平运动员,招生项目为武术、田径,初步拟订招生计划数为 50 人。

合肥学院 2007 年将面向全国招收男女击剑高水平运动员。该院今年招收高水平运动员人数控制在国家核定的该院年度本科招生计划总数的 1%(33 名)以内。

合肥学院推行体育菜单式教学

《江淮晨报》 张立驰 邵一江

2007-04-19

根据学生兴趣爱好,建立14个单项体育俱乐部,进行菜单式教学。17日,教育部副部长吴启迪一行视察合肥学院时记者获悉,合肥学院针对以往体育课教学效果不好的情况,积极探索公共体育课教学改革。

据悉,合肥学院推出的俱乐部活动时间向早晨和晚间延伸,学校将篮球、排球场均改为灯光球场。目前,学生参加体育课学习的兴趣和体育锻炼的热情大大提高。抽样调查显示,87%的学生表示认可和欢迎。

合肥学院成为击剑教练员和裁判员培训基地

《合肥晚报》 姚瑞

2007—06—25

6月21日上午,中国大学生体育协会击剑分会2007年度工作会议在合肥学院隆重举行,中国大学生体育协会击剑分会、中国大学生体育协会竞赛部、联合秘书处、安徽省教育厅、合肥市政府等单位和部门的多名代表参加了会议。仪式上,中国大学生体育协会击剑分会副主席张保华教授宣读了授予合肥学院为中国大学生体育协会击剑教练员、裁判员培训基地的决定。由此,合肥学院成为省城唯一中国大学生体育协会击剑教练员和裁判员培训基地。

合肥学院首实施大学体育俱乐部改革

《江淮晨报》 汪雷

2008—01—13

取消早广播操,代之以有氧健身跑;从传统的大学体育课,变身为学生网上自主选择俱乐部。记者昨天从在肥召开的"高校应用型人才培养模式研究"课题会上获悉,合肥学院成为全省唯一实施大学体育俱乐部改革的高校。上个月,该校大学体育课程教学俱乐部制改革实验方案正式公布。

与传统的体育课不同,该校立足现有体育场馆及教师资源,成立了14个体育俱乐部,供学生自主选择。这些俱乐部,不仅有传统的篮球、排球、足球等,也包括时尚的瑜伽、野外生存、体育舞蹈等。

据悉,该校学生都是各俱乐部会员,根据自身条件、运动基础对教学内容进行个性化选择;而俱乐部课程教学不局限于传统体育课形式,将晨练、训练、竞赛、活动都纳入教学范畴;设计安排上,实现人性化,如根据季节以及气候变化,灵活调整俱乐部活动时间,最大限度融入学生日常生活,形成学生良好的健身习惯;学校通过校园"一卡通"和计算机管理系统,对全校学生参与情况进行管理。

不仅如此,该校还根据学生运动基础,对俱乐部实行初、中、高三级会员的分级管理。俱乐部的教练,还邀请了外聘教师和高水平运动员担任。学生对俱乐部的反馈,则通过网上评教等方式进行。

该校相关负责人表示,体育俱乐部模式受到学生普遍欢迎,根据一项问卷调查,学校87％的学生对此项教学改革表示欢迎。该校颇具特色的俱乐部——击剑俱乐部,还出过多个全国冠军。

"学生剑客"奥运欲冲金
——合肥学院大三学子黎国介入选奥运会男子击剑阵容

《安徽商报》 张志娟 周婉 武静

2008-07-27

日前,参加北京奥运会的中国运动员名单公布,我省合肥学院的在校大学生黎国介有幸入选2008奥运中国军团,他将代表中国击剑队参加男子重剑相关项目的比赛。

"学生剑客"的朝气之剑

1985年10月15日,黎国介在宜宾呱呱坠地。15岁那年,黎国介进入宜宾市体校,两个月后转入成都体育学院击剑队,在成都体院三年后被招入八一军体大队击剑队,2005年11月被选拔到国家击剑队。2006年,合肥学院首次在全国范围内挑选特招生。当时的黎国介在国家队属于青年队员,成绩并不是很突出。国家一级教练王骑兵慧眼识英才,看准黎国介的潜力将他列为合肥学院4名特招生之一。9月,黎国介成为合肥学院经济系2006级国际经济与贸易专业的一员。

进入合肥学院学习后的黎国介,受到国家队教练肖剑和合肥学院教练戴清的双重辅导,经历多次大赛的打磨,加上自己本身的刻苦训练,进步很快,在世界杯阿根廷站表现出色,获得个人亚军。

黎国介是作为特招生进入合肥学院的,鉴于他的特殊情况,学校针对他的学习作出适度的特殊安排。因为训练任务繁重、时间紧张,黎国介在合肥学院学习的时间很少。所以功课方面,在黎国介时间充裕时,学校会安排老师给予辅导补习。黎国介在北京训练期间,教练戴清一直和他保持电话交流,两人有时会在网上传些资料交流心得。

"学子剑客"的剑外人生

"懂事,训练认真刻苦,有些内向",这是教练戴清对黎国介的评价。"哥哥对我很好,也很热情",这是戴清的儿子王子恒对黎国介的感觉。那么,实际生活中的黎国介到底是怎样的呢?

据戴清介绍,黎国介最大的爱好是喝茶,这与时下一些青年喜欢上网听音乐看电影不同。黎国介喜欢喝茶是在队里养成的习惯,因为运动员出去的时间少,大多是在队里,而且喝茶有利于修身养性,久而久之,就喜欢上了喝茶。

期待击剑金牌"零的突破"

8月9日～17日,北京奥运会将在国家会议中心击剑馆产生10个新的奥运冠军。男子重剑团体项目,我国将要面对强敌匈牙利、意大利和世界冠军法国。在击剑的战场上,黎国介将要和队友一起冲击那块中国人期待了20多年的金牌。

击剑运动已成校园时尚
——北大等四十余所高校开设相关课程

《中国教育报》 李小伟

2009—07—04

奥运冠军仲满虽然在大运会佩剑比赛中输给了队友王敬之,但他丝毫没有露出沮丧之意。他对记者说,本次比赛收获很大,一是通过比赛找到了差距;二是通过大运会深刻感受到了学习的重要性。"看到那么多运动员可以自如地和外国选手交流,我感到了学外语的重要性,今后我将尽可能多地挤出时间学习。"第一次参加大运会的仲满坦言。

仲满毕业于南京体育学院,在北京奥运会后又考取了北京体育大学的研究生冠军班。仲满认为,当运动员达到一定水平之后,没有良好的文化知识做支撑,运动成绩很难再往上走。仲满说:"击剑是一项绅士运动,非常注重礼仪和培养人的绅士风度。击剑运动的发展需要更多有文化知识和修养的人们参与,在高校里推广这项运动非常有意义。"

据了解,近些年随着高校体育的发展,击剑这一贵族运动已经进入"寻常百姓家",落户高校以及少数中小学。目前,北京大学、清华大学以及上海电力学院、合肥学院等40余所高校都开设了击剑选修课,学生"舞剑"已成为一种校园时尚。

来自安徽合肥学院的中国大学生代表团教练戴清向记者介绍,该校除开设有击剑选修课外,还以俱乐部的形式让更多的学生参与其中。俱乐部分等级为学生提供服务,大一、大二的学生加入初级班学习,中级班吸收的是大一、大二学生中的佼佼者,高级班则由校级代表队成员为主组成。这一形式有效地保证了击剑活动在学校的顺利而蓬勃地开展。

尽管击剑运动已经在一些高校得到普及,但要达到较高水平仍需时日。中国大学生体育代表团击剑队领队季道明说,大学生运动员水平和专业队运动员相比仍有较大的差距,短时间内这一状况很难改变。"只有让高校拥有更多高水平的教练员,才能让高校培养出更多的高水平运动员。因此,解决高校教练员缺乏问题是高校击剑运动发展的第一要务。从现有条件看,让退役运动员上大学提高学历水平及培养现有大学生运动员成为优秀的教练员,不失为一个好办法。"季道明说。

第四届体育大会门球项目测试赛在合肥学院举行

中国门球协会官方网站

2010—04—19

2010年4月17日,第四届体育大会门球项目测试赛在安徽省合肥学院门球场举行。中国门球协会副主席、安徽省体育局副局长高维岭,中国门球协会秘书长古桥到场地视察,本次比赛场地为四连片带顶棚人工草皮场地。门球项目总裁判长周正,国际裁判员李丹丹、朱筱华组织比赛,测试赛对场地、比赛相关用具进行测试。合肥学院组织的体育大会志愿者也参加了本次测试赛。

五人制足球中国国家队主教练法里纳现身合肥学院体育馆

教育部体育协会　唐文悦　许晓婷

2010-05-07

5月7日,"四体会"五人制足球开赛首日,五人制足球中国国家队主教练法里纳、助理教练桑托斯现身合肥学院体育馆观看赛馆并现场试用场地。

上午10点,2名外教和2名五人制足球国家队守门员来到场内,稍作巡视后,2名守门员与助理教练一同现场试用足球场场地,多变的脚法、娴熟的技巧引来场上工作人员的阵阵赞叹。

主教练法里纳从容地站在场地一侧陪同守门员训练,对于合肥学院新建的五人制足球场馆,他表示:"很意外,场馆很棒,设施很齐全、很到位,安徽建成如此高规格的五人制足球场馆,已经达到了国际水准。"

据了解,五人制足球中国国家队部分队员将在此届"四体会"中代表有关省市参赛,法里纳一行此次来肥的主要目的是全程观察国家队队员在此届比赛中的表现。

第一次来到合肥的法里纳对合肥为"四体会"所做的工作印象深刻,他同时预祝此次体育大会能顺利举办。

合肥快乐"感染"老外球迷

《合肥晚报》 查立华 陈骊
2010—05—09

时而鼓掌欢呼,时而挥手叫好,他们营造出来的气氛总是显得有些与众不同……新落成的合肥学院体育馆蓝色看台上几位外教球迷昨天下午成了第四届全国体育大会五人制足球场外的焦点。他们是合肥学院的外教,来自韩国济州岛的李昭宁、郑国熙和崔京玉,以及来自德国的柯罕里希夫妇。

昨天下午3点多,四体会五人制足球赛山东对江苏的比赛刚开始不久,记者旁边的观众座位上就来了几位特殊的观众,李昭宁、郑国熙和崔京玉这一男两女三名韩国籍外教在中国籍教师沈萍的陪同下要当一回中国足球的球迷。

三名韩国籍外教中唯一男性的李昭宁老师对于体育运动自然最是内行,爱好网球的他昨天是第一次到现场看中国的足球。谈到足球,李昭宁说自己最喜欢看的就是自己国家队与日本国家队的比赛了。李昭宁说,在韩国也有一个全国体育大会,这与中国的体育大会是完全一样的名字,不过这项赛事每年都会举办,到现在为止已经有数十届的历史了。

从去年 2 月 20 日来到合肥,今年 58 岁的李昭宁在这座城市已经生活了一年多。谈到合肥这一年多的变化,李昭宁说自己觉得这应该是近年来发展最快的中国城市之一,合肥的马路更宽了,空气质量更好了,已经逐渐爱上这里的李老师说自己计划将太太也接到中国来,如果将来有可能希望能在这座城市定居。

与合肥的城市建设相比,李昭宁对合肥印象深刻的还是几个名人,"我看过中国的电视剧《包青天》,包青天就是合肥人,几乎每个韩国人都知道包公。"此外,老李对李鸿章、张辽等人也是如数家珍:"合肥是一个出人才的地方,可谓人杰地灵。"

与热情的老李谈话还未中断,后面的看台上又来了两名欧洲人,他们是来自德国的柯罕里希夫妇,去年 8 月来到中国的他们在合肥学院教授德语,这座日新月异的城市也给他们带来了美好的感受:"这是一座很漂亮的体育馆,能在这里看球感觉好极了!"

国家体育总局局长检查合肥学院球赛场地

中安教育网　钱刚刚　肖用欢　琚琢　张夏云
2010—05—18

　　5月18日,国家体育总局局长刘鹏、副局长冯建中一行莅临合肥学院,检查"四体会"球类竞赛组织保障工作,观看门球、地掷球、壁球比赛。省政府副秘书长张武扬,省体育局局长冯潮,合肥市副市长杨增权,市政府副秘书长项贤峻,市体育局局长李殊,合肥经济技术开发区副主任李保国,合肥学院党委书记陶登松和副院长郑永红、丁明等陪同检查和观看比赛。

　　上午10时许,刘鹏局长一行来到合肥学院新区体育场馆。一下车,刘局长就赞叹道:"这里的环境很优美啊!"随后,刘局长一行分别来到门球、地掷球、壁球场地,看望运动员、教练员、裁判员、志愿者和各竞赛项目部工作人员,了解竞赛工作组织安排情况,观看正在进行的比赛。

　　在观看比赛时,刘鹏局长非常投入,不时地和身边工作人员交流研讨比赛的战略战术,给运动员鼓劲加油。在观看比赛间隙,刘局长饶有兴致地用手摸了摸门球场的人造草坪,用脚踩了踩室外运动场的塑胶地坪和室内体育场的木地板,充分肯定了合肥学院比赛场地的建设质量。他说:"今后如果有国际比赛的话,这里可以派上用场。"当获悉合肥学院赛点自5月7日开赛以来,各项比赛井然有序,广大观众热情文明,昨天还有一位98岁的老人前来观看门球比赛时,刘局长非常高兴,称赞合肥市、合肥经济技术开发区和合肥学院对"四体会"高度重视,准备工作充分,组织安排周到,服务保障有力,群众体育运动基础较好。

刘鹏局长和省、市陪同人员还同经开区和合肥学院工作人员、志愿者代表合影留念。应合肥学院志愿者邀请,刘局长欣然在"第四届全国体育大会签名簿"上郑重地签上了自己的姓名。

一个半小时后,刘鹏局长一行离开合肥学院。临行前,刘局长要求合肥学院赛点各有关方面要再接再厉,精心组织好下一环节的赛事,确保比赛精彩、成功。合肥经开区、合肥学院和各竞赛项目部负责人表示,一定按照刘局长的要求,认真抓好落实,圆满完成各项比赛任务。

奥运冠军杨昊与大学生互动

中安在线—安徽商报 钱刚刚 林竹芳 张夏云 施敏

2010—05—21

"杨昊！杨昊！"5月21日下午,当奥运冠军杨昊出现时,现场一片沸腾。当日,四体会全民健身志愿服务活动第3站在合肥学院体育馆进行。排球奥运冠军杨昊到现场与大学生们一起互动。

杨昊希望大家投入全民健身运动中,坚持每天锻炼,为实现梦想保持好的身体。随后,杨昊与同学们进行了排球互动游戏,该校09电子系叶同学凭借几次很棒的接球还获得了杨昊亲笔签名的排球。

国家体育总局观摩团领导亲临合肥学院体育馆观看毽球比赛

四体会官网　项泽淦　杨玉梅
2010—05—25

5月25日上午,中国第一个世界冠军获得者容国团,原国家体委副主任徐才、张彩珍,国家体育总局社会体育指导中心副主任胡建国以及离退休干部局部分领导现身合肥学院体育馆,兴致勃勃地观看了毽球比赛。徐才指出,这类项目操作简易、器材简单,很适合在全民范围内推广。

合肥学院积极服务第四届全国体育大会

安徽教育网

2010-05-19

为确保第四届全国体育大会顺利进行,承担了5项球类比赛的合肥学院,全院动员,主要领导亲自挂帅,分管领导坐镇指挥,学院各相关部门和广大师生员工积极配合,目前各项工作进展顺利。

加强组织领导　健全工作机制

为了加强对合肥学院赛点各项工作的组织领导,学院成立了全国第四届体育运动会合肥学院领导小组,党委书记陶登松、院长蔡敬民任组长,副院长丁明任常务副组长,具体负责比赛现场的组织领导和管理,郑永红、陈啸两位副院长任副组长,分别负责校园及体育馆周边环境的建设和整治、教学计划调整等工作。领导小组下设综合办公室、竞赛办公室、场馆建设及后勤保障办公室、对外宣传联络办公室、学生活动组织管理办公室、安全保卫办公室。制定了《第四届全国体育大会合肥学院工作手册》,并编印成册发放给各相关部门。《手册》明确了各级各类保障人员的工作岗位、工作职责、工作任务、工作程序和工作标准,确保了各保障系统准确、高效、有序运转。其间,每天晚上比赛结束后召开工作总结会,查找存在问题和隐患,制定整改措施,明确下一步的工作任务。针对"四体会"期间安全和保障方面可能出现的各种问题,制定了安全保卫、场馆保障、学生管理、志愿者服务、对外宣传等工作方案和应急预案。领导小组及各办公室均驻场(馆)办公,各项工作开展顺利。学院领导经常深入场馆,靠前指挥,现场办公,并下拨专项经费,集中调拨各类物资,保障赛事的顺利进行。

加强赛事管理　　落实竞赛方案

合肥学院将确保各项赛事的顺利进行作为近阶段学院工作的中心。学院以竞赛办公室为核心,统筹协调各部门、各系统的工作,做到各司其职、相互配合。各部门以保障比赛的顺利进行为核心,从细节上做好协调、服务工作。竞赛办公室编印了各单项竞赛工作手册,分发到每一位工作人员手中,积极联络协调综合办公室及其他相关部门,及时处理好竞赛中出现的问题。对涉及竞赛的各项工作,由竞赛办公室下达指令,要求各部门以及各岗位工作人员服从命令、听从指挥、确保落实,竞赛期间每天晚上召开工作例会,总结经验,布置任务。同时,学院还加强与体育大会组委会、经开区竞赛委员会的联系和沟通,形成了高效、顺畅的工作机制。

室内五人制足球比赛是合肥学院综合球类馆承办的第一项赛事,对此,合肥经济技术开发区和合肥学院高度重视,多次召开协调会议,部署相关工作,制定了《第四届全国体育大会五人制足球竞赛工作方案》。该方案从组织机构、工作职责、竞赛日程、竞赛流程、场地器材、训练安排、开赛式方案、闭赛式方案等方面作了详尽的布置和安排,并进行了多次现场预演。5月7日晚,进行了第四届全国体育大会室内五人制足球开赛仪式。仪式隆重热烈,国家体育总局领导给予了高度评价。国家体育总局领导、五人制足球竞赛委员会、各参赛队普遍反映合肥学院赛点组织计划周密,服务保障及时,安保措施到位,设备运转正常,观众热情文明。

加大保障力度　做好各项服务

为了确保各项赛事的顺利进行,合肥学院对体育馆周边环境进行了绿化美化,对校园环境进行了全面整治。合肥学院场馆建设及后勤保障办公室还专门成立领导小组,克服"四体会"举办前各项设施的保洁维护工作时间短、任务重、人员不足的困难,抽调了合肥学院黄山路校区、南艳湖校区后勤保障工作人员,用了20多天的时间完成了体育馆内和场外比赛场地保洁、设备的安装调试维护以及周边环境的绿化美化工作。招聘了一批素质高、责任心强的工作人员,并进行了专门的培训,负责场馆内外的卫生保洁工作。督促各施工单位在确保质量的前提下,加快了室外标准塑胶运动场、图书馆等工程的建设速度,调集一批计算机、办公设备等物资充实场馆各办公场所,加装部分监控设备,制作了大量场馆标识、标志牌。同时,对裁判员、运动员生活保障等方面也作了精心安排。合肥学院食堂还专门开辟了"四体会"工作人员窗口,并邀请合肥市卫生防疫站对各区食堂餐饮卫生及食品安全进行了检查,对各区食堂负责人及食品安全员进行了食品卫生和安全知识的培训。合肥学院直接参与赛事安保和服务保障工作人员150多人。针对"四体会"期间可能出现的突发性情况,合肥学院场馆建设及后勤保障办公室制定了管理及服务应急预案,现场工作实行首问负责制,将责任落实到相关负责人;比赛期间实行双岗制,制定有详细值班、巡班表,实行坐班与巡视相结合的方式;建立完整的通讯网络,公开现场保障责任人联系方式,通过固定电话、手机、对讲机等通讯设备实现第一时间的联动,确保及时解决突发问题;加强与"四体会"组委会的沟通与交流,及时协调人员及物资;配备完善的救急救护设施和专项工作人员,及时对意外事件进行处理。

合肥学院在2009年就开始安排各系组织志愿者前期招募选拔活动,1000多名学生报名,经过严格筛选,有535名学生作为志愿者参与"四体会"的服务工作,编印了志愿者工作手册,对志愿者工作进行了精细布置和组织管理。安徽省精神文明建设先进典型宣传报道组5月7日专题调研"四体会"志愿者服务情况,在了解合肥学院"四体会"志愿者的招募培训、岗位安排、服务保障等具体情况之后,对志愿者工作给予了高度评价。

合肥学院有1240名学生参加了"四体会"开幕式的参演训练,学院对这部分学生教学计划进行合理调整,精心组织,严格纪律,确保参演工作顺利进行。合肥学院还组织1000余名学生参加了"四体会"倒计时50天启动仪式,并进行了志愿者宣誓和"四体会"会歌演唱工作。学院积极组织教职工和学生参加"四体会"四项专项竞赛活动和其他板块的相关活动,围绕合肥学院5个单项竞赛成立了5个相应的俱乐部,努力使这5个竞赛项目根植合肥学院,开花结果,推动合肥学院群众体育活动深入开展。

作为全国性赛事,安保工作尤为重要。五人制足球比赛期间,除合肥市组委会统一安排的志愿者外,合肥学院还安排了114名安保志愿者,协助安全保卫部门的工作。经开区安排了60名公安干警、6名交警与5名消防队员,负责比赛期间场馆的安保工作。合肥学院保卫部门加强了与经开区公安部门的联系和沟通,确保安保工作不留死角、无缝对接。保卫部门对场馆各个消防通道及安保器械进行全面检查,主要进出通道、监控室、高压配电房等核心岗位做到24小时专人值班。为了确保"四体会"期间学院的安全稳定,合肥学院专门召开了全院安全稳定工作会议,与各单位签订了安全稳定工作责任书,组织开展了安全工作大检查,排除各类安全隐患。同时,加强对师生的安全教育。通过召开班会、系务会、举办专题讲座等形式,增强广大师生的安全意识,做到防患于未然。

加强对外宣传　树立良好形象

合肥学院专门成立了"四体会"对外宣传联络办公室,配合"四体会"组委会做好"四体会"期间的宣传报道工作。印制了1万份"四体会"宣传单,组织了80名学生记者,制定了详细的工作计划,每天安排20名学生记者负责比赛现场的新闻报道工作。同时,加强了与合肥市委宣传部、"四体会"组委会以及各重要媒体的联系和沟通,严格执行媒体进场采访规定和纪律,保证合肥学院赛点"四体会"期间媒体宣传报道健康有序。合肥学院还编印了第四届全国体育大会合肥学院赛点工作简报,设置了"体育竞赛篇、服务保障篇、宣传报道篇、志愿服务篇、场馆内外篇"等栏目,目前已编印了4期。合肥学院在校园网开辟了"四体会"链接网站,午间校园广播定时播放"四体会"会歌。各校区宣传橱窗张贴了"四体会"宣传图片。合肥学院还举办了"四体会"征文、体育漫画、摄影、会歌比赛等活动。另外,合肥学院参加"四体会"开幕式大型团体操表演的学生克服各种困难,以强烈的责任感和荣誉感,积极参加排练和演出,不少学生带病坚持训练。合肥学院领导多次亲临训练现场,慰问学生,指导检查工作,有时工作到深夜。部门、系领导和工作人员配合导演组,积极主动地做好参训学生的教育管理和生活保障工作。

5月16日晚,合肥学院1240名学生参加开幕式大型团体操表演,获得了成功,成为开幕式上一道亮丽的风景线,中央电视台、安徽卫视多次播出合肥学院学生表演的《春天的广玉兰》画面。

合肥学院实施体育俱乐部制培养大学生"终身体育"能力

新华网　王圣志
2010－08－08

合肥学院体育俱乐部积极拓展课程活动内容和形式,逐步形成了系统的改革思路和一系列行之有效的做法。合肥学院体育俱乐部学生干部队伍每年保持在200人左右;俱乐部中、高级会员人数保持在3000人左右;准、初级会员占学生总数的50%左右。

针对大学普遍存在的体育课教学形式单一、课内外严重脱节等现象,合肥学院自2006年以来,积极探索大学体育俱乐部制,从而打破了高校内部管理中长期以来形成的"教学工作"与"学生工作"界线,创出一种融体育教学、社团活动于一体的大学体育教学与管理模式,大大激发了学生投身体育锻炼的热情,培养了大学生"终身体育"意识和能力。

构建"四位一体"的大学体育俱乐部管理模式

据合肥学院基础部副主任许大庆介绍,合肥学院体育俱乐部管理中心由该校基础部、教务处、学生处、团委、校学生会等相关部门人员构成,主要任务是整合学校体育资源,统一管理,指导各俱乐部开展教学、训练、竞赛和课外体育活动。目前,该校共成立了篮球、排球、足球、乒乓球、健美操、瑜伽、武术、跆拳道、击剑等俱乐部。

俱乐部根据学生的体育基础将会员划分为准、初、中、高四个等级。体育教师受聘于各俱乐部,担任俱乐部教练员。中、高级会员可作为助教对下级会员进行辅导和指导。

合肥学院体育俱乐部积极拓展课程活动内容和形式,逐步形成了系统的改革思路和一系列行之有效的做法。俱乐部课程不再囿于传统体育课的形式,晨练、训练、竞赛、活动的指导、辅导、讲座等均纳入课程范畴;学校取消了过去全体学生"一刀切"做早操的规定,成立多个晨练俱乐部,让学生选择自己喜欢的方式健身,在教练的指导下锻炼、学习。

实现大学体育四年"不断线"

许大庆说,传统的大学体育只开设 2 年体育必修课,三、四年级只开设体育选修课,学生每周只有一次体育课,而合肥学院实行体育俱乐部制改革以后,俱乐部面向全体学生开放。无论开设还是不开设体育课的学生,都可以利用课余时间参加俱乐部为他们提供的课程学习和活动。由于分项目、分层次、生活化、四年一贯,绝大多数学生参与俱乐部活动的目的已不仅仅是获得学分,而是就所感兴趣的体育项目进行系统学习,使他们的体育运动技术水平在不同程度上得到提高。四年一贯的俱乐部活动养成了很多学生良好的健身习惯。

改革四年成效彰显

记者采访了解到,四年来,体育俱乐部制改革不仅激发了学生参与体育运动的热情,运动项目的普及程度大大提高,而且也提高了该校体育运动水平、丰富了校园文化生活。

以篮球俱乐部为例,过去合肥学院篮球队只有 12 名队员,而成立篮球俱乐部后,俱乐部有600多名会员。他们组成60支球队,每年都组织俱乐部联赛,每年开展比赛近300场,几乎每天都有比赛。会员不仅身体得到了锻炼,而且篮球技战术水平也大大提高。同时,由于参赛各队均由俱乐部会员自由组队,真正做到跨系、跨专业、跨年级组合,扩大了同学们的交流。俱乐部球队每年都有新鲜血液进入,新老交替,使队伍充满了活力。

合肥学院体育俱乐部学生干部队伍每年保持在200人左右;俱乐部中、高级会员人数保持在3000人左右;准、初级会员占学生总数的50%左右。各俱乐部运动水平显著提高,呈现出良好的发展态势。俱乐部代表队在安徽省乃至全国比赛中都取得了较好成绩。

合肥学院学子获亚运会两银一铜

《合肥日报》 潇潇 耀东
2010—11—29

昨日,记者从合肥学院了解到,在刚刚结束的亚运会上,该院学子获得两银一铜的好成绩,充分展示了该校在击剑运动方面的强大实力,为国家争得了荣誉。

11月18日,中国选手、合肥学院经济系2006级学子黎国介获得男子个人重剑银牌。11月21日,黎国介和同是该院学子的王森以及队友尹练池一起,出战广州亚运男子重剑团体比赛,半决赛中,中国队以40∶45不敌哈萨克斯坦队,最终获得第三名。

23日晚,中国选手、合肥学院高水平运动队员尹明芳出赛女子重剑团体决赛,比赛中尹明芳对阵日本队选手下大川绫华,表现优异,最终中国队获得女子重剑团体银牌。

安徽学子,"剑"指大运

《晶报》 王小英

2011-06-30

见到朱文静时,这个小姑娘刚刚结束在医院一天的实习,满脸疲惫的她,在听到深圳大运会时,依然兴高采烈地告诉记者,这个暑假她最期待了。她是第26届世界大学生运动会的志愿者,为参与大运会的志愿工作,这个1991年出生的小姑娘一边兴奋着,一边开始努力准备。与她一样,合肥学院的副教授戴清也在努力为大运会积极备战,因为她的学生尹明芳将参加女子击剑比赛。

封闭训练备战大运

"上次参加大运会,我是教练,这次是技术官员,压力会小很多。"戴清告诉记者,尽管如此,她依然还是有点压力,因为她的学生尹明芳将参加女子击剑比赛。

尹明芳是合肥学院的高水平运动员,当然,与她的学生身份相比,很多人更熟悉的可能是尹明芳和队友在广州亚运会上的表现。2010年广州亚运会上,她和队友获得女子团体亚军。

"她正在进行封闭式训练,备战大运会和伦敦奥运会",戴清笑着说。目前尹明芳所作的训练还是常规的训练,但到赛前一个多月时,会做一些针对性的训练。

相比较而言,在戴清看来,学校对他们的这次大运会之行做了大量的支持工作,提供了多方面的支持,下拨专门的训练经费。学校的学生能够参加击剑比赛,这一下子提高了击剑的知名度,越来越多的学生想学击剑。

戴清也是中国大学生体育协会击剑分会教练裁判员委员会副主任,私底下的戴清,除跟学生尹明芳及时沟通之外,也会翻看击剑方面的书籍,一遍遍熟悉业务,准备做个好的技术官员。

在广州亚运会上夺得女子重剑团体亚军的尹明芳(左)已将目标瞄准深圳大运会

记者了解到,除了合肥学院的击剑项目,中国科技大学的羽毛球、安徽建工学院的乒乓球等项目中,也将有高水平运动员参加大运会。

有空就找留学生练口语

相对戴清而言,朱文静自从知道自己要去大运会当志愿者,在同学看来,她就开始变得不淡定了。朱文静是安徽医科大学医事法学专业大二的学生,按照同学的说法,她已经"走火入魔"了,在学校只要碰到外国留学生,她就打招呼,练习自己的口语,如今不仅她的英语口语很流利,日语的一些日常用语她也说得挺熟练。

这个从来没去过深圳的小姑娘,对深圳也很"熟悉","都是在网上查资料了解学习的,要是有运动员问我深圳这座城市,我也可以告诉他们。"小姑娘笑着说。

记者从安徽团省委了解到,经过层层选拔,安徽共选出了10名志愿者服务深圳大运会,这些人当中有些曾服务过上海世博会,有些则参与过广州亚运会的志愿工作。

"目前各高校团委会对选拔出来的志愿者进行培训和训练,"安徽团省委宣传部的王立伟告诉记者,近期团省委还将对这些志愿者再次进行培训。

有机会参加,当然要做到百分百了,在采访结束时,朱文静这样解释自己的"走火入魔"。

合肥学院学子"剑"指大运会

中安在线　　合肥在线

2011—08—12　2011—08—15

　　2011年第26届世界大学生夏季运动会于8月12日在深圳举行,合肥学院学生尹明芳将身披中国队战袍参加女子重剑个人和团体比赛。这是合肥学院击剑队学子继参加北京奥运会、广州亚运会、世界大学生击剑锦标赛之后,再次代表中国队出战高水平运动会。另外,合肥学院2名教师、1名学生还将分别担任大运会技术官员和志愿者。

　　合肥学院经济系2007级国贸专业学生尹明芳2008年成为中国击剑队正式队员,曾先后代表国家队摘得2010年广州亚运会重剑女子团体银牌、2011年卡塔尔击剑大奖赛女子重剑团体金牌,多次参加世界杯大奖赛、世锦赛等各类比赛,获得个人及团体奖牌近40块。目前,尹明芳正在积极备战,进行针对性训练,在8月13日开始的击剑比赛中,她将拔剑出鞘,出战女子个人重剑和团体重剑2项比赛。

　　合肥学院击剑队自2005年成立以来,队员们先后在国内外击剑比赛中获得10多项冠军,在全国大学生击剑锦标赛中共摘得23块金牌,并2次代表中国参加世界大学生击剑锦标赛。在2008年北京奥运会上,合肥学院学生黎国介代表国家队参加了男子重剑个人和团体比赛,并最终取得团体第四名的佳绩。据了解,除尹明芳作为运动员参加外,合肥学院公共体育部许大庆副主任和戴清老师还将担任本届大运会技术官员,管理系 08 工商管理班张娴婷同学也将以志愿者的身份出现在大运会的舞台上。

世界大学生运动会素有"小奥运会"之称,由国际大学生体育联合会主办,第 26 届世界大学生运动会将于 2011 年 8 月 12 日到 23 日在深圳举行。届时,将有来自 130 多个国家和地区的 9000 多名运动员参加 24 个大项的比赛。

江淮女侠鹏城亮剑
——大运会击剑选手来自合肥

新安传媒网

2011—08—17

来到深圳采访大运会已有多日,记者在这座城市里碰到了很多安徽面孔,有志愿者、工作人员,却一直没有寻觅到来自安徽省高校的运动员的身影。苦苦等待之后,记者昨日在击剑赛场上终于迎来惊喜,近距离采访到了女子重剑选手、合肥学院学生尹明芳以及教练员戴清。

尹明芳志在奥运

尹明芳是合肥学院经济系2007级国贸专业学生,2008年成为中国击剑队正式队员,曾摘得2010年广州亚运会女子重剑团体银牌、2011年卡塔尔击剑大奖赛女子重剑团体金牌。本次大运会,尹明芳成功入选国家队阵容,并作为主力参加女子重剑个人、团体两项比赛。

然而13日,实力不俗的尹明芳在个人项目中发挥失常,首轮轮空的她在第二轮早早被淘汰出局。昨天她卷土重来,和队友联手征战团体赛。首轮中国队以41∶39艰难战胜波兰队,但在8进4的比赛中,中国队遭遇到劲旅俄罗斯队,最终她们以32∶36输掉了比赛。至此,尹明芳结束了她的大运征程,虽然拼尽全力,结果却是两手空空。赛后她将毛巾捂在脸上,试图让心情平静下来。在默默收拾好剑器之后,她走到记者面前,"确实挺失望的。我感觉今天的团体赛打得不错,起码没有丢分。但团体赛一个人发挥得再好也没用,需要队友之间形成合力,可惜我们没能更进一步。"

25岁的尹明芳近年来作为国家队主力,参加过多项世界大赛,但参加大运会还是第一次。话语之间,能感受到她对大运赛场的恋恋不舍,"整个暑假我都在学校里苦练,就是为了在深圳大运会取得好成绩。结果虽然不理想,但我觉得收获很多,起码我认识到自己在心理、步伐、技战术等方面的调整能力还不足,今后会努力提高。"谈及今后的目标,尹明芳有着很明确的计划,"10月份的意大利击剑世锦赛是明年伦敦奥运会的重要选拔赛,也是我近期最重要的比赛。我会好好把握,争取明年能出现在伦敦赛场。"当然,尹明芳也没有忘记自己的大学生身份,今年她已大四,面临着能否顺利毕业的压力,她告诉记者:"合肥学院是击剑项目特色学校,很重视咱们击剑运动员的训练和学业。只要不在国家队,我就会在学校苦修学分。所以顺利毕业,对我来说应该没有问题。"

戴老师甘做绿叶

本次大运会,击剑赛场被分成了红、黄、蓝、绿四个区域,各区域同时比赛,以保证冗长的比赛能在规定时间内完成。从13日击剑项目开赛起,戴清就一直在赛场的黄区工作,同样来自合肥学院的她是本次大运会击剑项目的裁判和技术官员。

在深圳,戴清的生活就是两点一线,早上7点半她就得赶往赛场,直到晚上9点所有比赛结束之后,她才能回到酒店休息。在记者眼里,戴清有着击剑运动员典型的特征,身材高挑,四肢修长。果然她曾经就是安徽省击剑队队员,13岁开始练花剑,18岁改练重剑,1991年还获得过亚洲锦标赛的冠军。退役之后,戴清在省队当过一段时间教练,但她最终选择了在高校继续自己的击剑事业。现在,戴清已在合肥学院公共体育部工作了6年,这期间合肥学院建立起击剑俱乐部,学生多次在全国大学生比赛中披金斩银,甚至国家队中的尹明芳、黎国介、王森三人都是合肥学院的在读生。戴清说:"击剑很受高校学生欢迎,首先它是绅士运动,动作优美;其次它是斗智斗勇的运动,很适合高校的年轻人。现在我们俱乐部发展得很好,学生的参与热情很高,但我们的场馆空间毕竟有限,所以会员不得不控制在100人之内。"

潜心在高校普及击剑运动,这里面的苦只有戴清自己知道。五一、十一假期,很多人都在游山玩水;酷热的暑期,大家可以坐在空调房里喝着冷饮,看着电视。与此同时,戴清却要穿着又厚又重的保护服陪队员练习。她常常是一个队员练完接着就带下一个队员,连续几个小时不停地做示范动作、当陪练。

"既然干这一行,就要一心把每个细节做好。"运动员出身的戴清骨子里有一股韧劲,她告诉记者,自己的丈夫也是击剑教练,目前在国家男子重剑队,常年不在身边。所以工作之余,她还要一个人照顾好6岁的儿子。不过在戴清看来,这些困难都算不上什么,她告诉记者,最大的困难就是经费短缺,"击剑是贵族运动,一套装备动辄上千元,学生们使用的剑最便宜也要100多元,经常被折断,我们都不舍得扔掉。而且场馆的接纳能力已经达到了极限,这让很多对击剑感兴趣的学生无法接受培训。"

江晨阳剑挑合肥第二金

中安在线—新安晚报　陈瑞

2011－10－19

第七届全国城市运动会男子重剑比赛昨天结束,合肥队的江晨阳在决赛中击败广州选手许申华夺冠,这是合肥代表团本届城运会收获的第二枚金牌。

江晨阳(左)在决赛中与对手对峙。

江晨阳在前期预赛中也是名列第一,但在昨天的小组循环赛上表现却不是十分突出,仅获得第七名。在随后的淘汰赛中,他又找回状态,先后击败上海奉贤队的李鑫麟、南京队的李振、连云港队的蔡正男进入决赛。

在决赛中,江晨阳遇到在小组赛中同样表现平平的广州队选手许申华。两人对决十分激烈,在一次碰撞中,许申华的剑脱手,江晨阳也摔倒在地,并轻度受伤。在经过短暂的治疗之后,最终还是江晨阳以15∶11赢得比赛。

剑客的梦幻与现实

安徽网　许正文　樊大龙/文　陈群/图

2012—04—06

"十年磨一剑,霜刃未曾试。今日把示君,谁有不平事。"在诗人贾岛的《剑客》中,剑与剑客的形象跃然纸上。当然诗过于抽象,你若想近距离接触剑客,甚至自己也过把"武侠"瘾,那么在合肥学院里的击剑俱乐部可能会有你想要的。

在校园里,大二学生秦鑫是一位有名的"剑客"。下课铃一响,他拎着包步态轻盈地走向击剑馆,见队友们还没有到,他便自己热身,练习着步伐。

"击剑讲究稳、准、狠,基本功要扎实。对抗刺、转移刺、第二转移,每种动作都要重复地训练。"俱乐部戴教练说完后,开始将各位"剑客"两两分组,学生们换上白色的击剑服,戴上头盔,开始对抗。

"击剑中不能有一点疏忽,你每出一剑都要慎重,进攻中同时要有防守意识,每一个动作都有它的目的,在高速运动中,你必须要面对一切困难并想出对策。"说起击剑,大三学生王涛算是俱乐部中的一流高手了,在2011年全国大学生击剑比赛中,获得过第三名。"不知为何,第一次现场看到别人击剑,我就被它迷住了,最喜欢剑梢在我面罩前飞快地跳动,在瞬息万变的比赛中学会思考,是击剑运动带给我最大的收获。"

在一片嘶喊声中,记者看到几位女同学也参加到分组对抗当中。小张是其中一位,她说来参加击剑,其实是"醉翁之意不在酒"。"我在网上看到,国际超模为达到和保持苛刻的苗条体形,击剑是最重要的必修课之一。可后来,参加这项运动时间长了,发现它能锻炼我的意志力,让我学会了正确面对周遭的挑战,我喜欢这种感觉。"

第十五届亚洲轮滑锦标赛落户合肥
具有里程碑意义

新浪体育

2012－06－13

中国轮滑协会消息,6月12日上午,合肥政务会议中心,举行第十五届亚洲轮滑锦标赛签约仪式暨新闻发布会。国家体育总局群众体育司司长盛志国、国家体育总局社体中心副主任邹积军、合肥市副市长杨增权、合肥学院院长蔡敬民、合肥市体育局局长李殊等出席签约仪式暨新闻发布会。

亚洲轮滑锦标赛作为亚洲轮滑的顶级赛事,每两年举办一次,已先后在中国、日本、韩国、印度、巴基斯坦等国举办过14届。合肥首次承办单项洲际体育赛事,具有里程碑意义。

签约仪式上,亚洲轮滑联合会会长、中国轮滑协会主席盛志国介绍,轮滑是在非奥项目中,参与人数最多的一项运动,近年来,随着亚洲各国对轮滑青少年工作的高度重视,目前轮滑运动在亚洲发展迅速。他希望合肥能借助这次亚洲轮滑锦标赛将此项运动推进到校园,乃至整个安徽。

合肥市体育局局长李殊介绍了亚洲轮滑锦标赛的申办历程、申办意义、赛事安排等。合肥第15届亚锦赛的申办之前,已具备了良好的基础。为承办四体会，合肥市兴建了部分体育场馆，包括新建了滨湖新区轮滑场和合肥学院体育馆。滨湖轮滑场位于塘西河体育公园内，占地75亩，是国内领先、省内唯一的专业轮滑项目场馆。该馆包括速度轮滑和轮滑球比赛两大场地，设有200米长的标准场地赛跑道、500米的标准公路赛跑道、2550米的单排轮滑球场地，910平方米的配套设施用房和1500座观众席，具备承办高水平轮滑赛事条件。合肥学院体育馆设施完善、配套齐全，可满足承办花样轮滑、单排轮滑球、双排轮滑球和自由式轮滑的要求。

继成功承办第四届全国体育大会轮滑项目比赛之后，合肥还先后举办了包河区轮滑邀请赛、全市轮滑对抗邀请赛、2011中国（合肥）速度轮滑公开赛等赛事，积累了丰富的成功经验，得到了亚洲轮滑联合会、中国轮滑协会的充分肯定和高度评价。根据申办要求，合肥市政府于2011年10月29日正式向国家体育总局递交了申办请示。合肥的申办工作得到了国家体育总局的极大关心和支持。

除合肥以外，日本和印度的两个城市也向亚轮联递交了申办比赛的申请，在比较三个城市的办赛条件后，合肥赢得了亚轮联的充分肯定和高度评价，最终确定将比赛承办权交给合肥市。本届比赛由亚洲轮滑联合会主办，国家体育总局社会体育指导中心与合肥市人民政府承办，定于2012年10月23日－31日举行，共设置速度轮滑、花样轮滑、单排轮滑球、双排轮滑球和自由式轮滑5个大项28小项，其中速度轮滑在滨湖轮滑场举办；花样轮滑、单排轮滑球、双排轮滑球和自由式轮滑在合肥学院体育馆举办。

比赛期间，还将召开2012年亚洲轮滑联合会中央委员会会议与亚洲轮滑联合会代表大会。届时，17个亚洲轮滑联合会会员国（地区）以及特邀的澳大利亚、新西兰等国家（地区）的相关官员、运动员、教练员、工作人员将云集合肥，预计总人数超过1200人。

亚洲轮滑赛月底开赛

《合肥日报》 刘标

2012—10—16

10月23日至31日,第十五届亚洲轮滑锦标赛将在合肥拉开战幕。其中花样轮滑、单排轮滑球、双排轮滑球和自由式轮滑项目将在合肥学院举行,其余项目在滨湖轮滑场举行。

据了解,亚洲轮滑锦标赛自1985年创立,每两年举办一次,已先后在中国、日本、韩国、印度、巴基斯坦等国举办过14届。当前,比赛的各项准备工作正在积极推进中。

记者从合肥学院获悉,该院作为亚洲轮滑锦标赛的赛场之一,自10月1日起,该院青年志愿者协会已开展志愿者招募。此次招募根据公开招募、自愿报名、择优录取、定岗服务的原则,从合肥学院学生中选拔出了140名志愿者,工作内容主要为随团服务、酒店接待、引导、场馆服务、颁奖礼仪、英语播报等。此次志愿者的选拔共有两轮面试,第二轮面试为英语口语面试,通过两轮面试选拔出具有较强的表达能力、热情大方,并且英语口语流利的志愿者。

本次大赛不仅合肥学院师生可以观看比赛,市民也可以观赛。有关赛事观看的具体细节,该院和赛事组委会还在商讨,会从保障广大群众的利益出发,满足市民观赛需求。

第十五届亚洲轮滑锦标赛首场比赛在合肥学院顺利进行

安徽教育网

2012—10—25

10月24日晚7点,中华台北队对阵伊朗队的单排轮滑球比赛在合肥学院体育馆拉开了第十五届亚洲轮滑锦标赛战幕。合肥学院作为本届比赛的协办单位之一,学院领导高度重视。为保证本届比赛的顺利进行,早在2012年暑假学院就成立了赛区保障组织机构小组,蔡敬民、陈秀等院领导多次亲临现场指导工作。2012年10月20日合肥市人民政府副市长吴春梅检查场馆建设和赛事准备工作时,非常肯定了合肥学院的工作成绩,表示,合肥学院2010年承办了第四届全国体育

大会,同时也是"四体会"开幕式大型团体操表演参与人数最多的单位和"四体会"比赛项目最多的赛点,受到安徽省人民政府的表彰。除此以外,合肥学院在2011年承办了安徽省大学生羽毛球等大型赛事,积累了许多承办大赛的经验。市委市政府都非常相信合肥学院有能力、有信心高水平协办好第十五届亚洲轮滑锦标赛。

第十五届亚洲轮滑锦标赛是合肥市建市以来承办的第一次洲际大型赛会,也是合肥学院继在2010年承办第四届全国体育大会后承办的更高规格的大型赛事,本次赛事中花样轮滑、单排轮滑球、双排轮滑球和自由式轮滑项目将在合肥学院举行,其余项目在滨湖轮滑场举行。

2012年10月20日,合肥学院内彩旗飘扬,热闹非凡,志愿者们忙碌的身影随处可见。合肥学院体育馆作为本届锦标赛的比赛场地之一,合肥学院学生倍感自豪。本届亚洲轮滑锦标赛的情况成为合肥学院同学们最关注的热门话题,2011级化工系徐海燕同学感慨道:"我从没有这样近距离接触国际性体育赛事,能看到这么多著名运动员,我感到非常兴奋,同时为我院能够协办本次大赛感到骄傲。"自10月1日起,根据赛委会要求,合肥学院青年志愿者联合会已开展志愿者招募。此次招募根据公开招募、自愿报名、择优录取、定岗服务的原则,从合肥学院学生中选拔出140名志愿者,工作内容主要为随团服务、酒店接待、引导、场馆服务、颁奖礼仪、英语播报等。10月17日,第十五届亚洲轮滑锦标赛志愿者培训大会邀请中国轮滑协会国家级注册教练员、速度轮滑国际级裁判孙昕祥给志愿者们做了志愿者工作培训。

10月24日晚9点,首日两场比赛顺利结束,两场比赛均为单排轮滑球赛,最终,中华台北队以6∶3战胜伊朗队,中国队以15∶0战胜印度队。在接受采访中,中国队队员们表示,比赛的胜利源于平时刻苦的训练以及相互之间默契的配合。来自台北的裁判员冯汝伟对运动员们的优秀表现予以肯定。他说,此次参赛的队员大部分都是高中生,首次以国手的身份参加这种大型比赛,他相信,在接下来的比赛中,他们会发挥得越来越好。裁判员表示,合肥学院为比赛提供了良好的场地,保障了比赛的顺利进行。志愿者的热情接待和微笑服务为大赛创造了良好的氛围,他相信这将是他难忘的经历。

本次比赛分为成年组、青年组,有来自中国、韩国、新加坡、印度等亚洲14个国家和地区的代表团共430名轮滑运动员参加,在8个比赛日中,将角逐出78枚金牌。

在比赛首日,合肥学院蔡敬民、丁明、陈秀等院领导亲临现场查看组织情况,对各部门分工再次做了强调。首日比赛,合肥学院组织师生有序观看比赛,约300名师生员工观看了比赛,高度评价了比赛的精彩。10月20日,在各队来合肥学院热身和熟悉场馆阶段,合肥学院公体部组织了轮滑俱乐部会员同国际级轮滑高手零距离接触,对合肥学院提升校园文化建设水平、品味具有积极的促进作用。

亚锦赛参赛规模创纪录
盛志国:轮滑盛宴美轮美奂

中国网　于红立

2012-10-28

中国轮滑协会消息,国家体育总局群体司司长、亚洲轮滑联合会会长、中国轮滑协会主席盛志国昨日出席第15届亚洲轮滑锦标赛开幕式时表示,轮滑运动以其独特的魅力受到青少年的喜爱,在合肥开幕的第15届亚洲轮滑锦标赛给亚洲各国轮滑爱好者提供了一个难得的交流平台,一定会给观众奉献一场紧张刺激、又美轮美奂的运动盛宴。

盛志国说,轮滑运动健康、时尚、环保,深受青少年欢迎,在亚洲地区广泛开展。是健康、时尚、活力的象征。本届锦标赛,共有来自亚洲14个国家和地区以及特邀的澳大利亚代表队的500多名运动员参赛,他们将参加5大项28小项的角逐。他们将为合肥的观众奉献一场紧张刺激、又美轮美奂的运动盛宴。

盛志国表示,亚洲轮滑锦标赛从1985年开始举办了15届,本届亚锦赛项目最多、规模最大、参赛人数最多,竞技水平最高。速度轮滑、花样轮滑、自由式轮滑和轮滑球四大项目特点各异,精彩纷呈。

值得一提的是,本次亚锦赛还选拔出150名志愿者为大会服务,他们全部来自合肥学院。他们在场上无所不在的身影,无不彰显着合肥人民的热情好客,展示着中国青年学生的风采。

"合肥市举办本次比赛,为亚洲各国和地区的轮滑爱好者提供了一个交流技艺、增进友谊的平台,也为轮滑运动在中国和亚洲的进一步普及和传播创造了极好的机会。希望所有运动员在比赛中能充分发挥技艺、展现轮滑运动的魅力。"盛志国说,"相信在合肥市人民政府的精心组织下,本次比赛将办成一次精彩、友好、热烈的轮滑盛会,为轮滑运动的进一步普及、推广,丰富当地体育健身活动,促进社会和谐发挥积极的作用。"

伦敦奥运女重团体冠军成员走进合肥学院过招校园高手

安徽网

2012-10-22

20世纪90年代,经典港片《东方三侠》中三位身着披风的女侠,首次让女人在电影中如此强势,唯美体现了女性英雄主义。而在奥运赛场上,由孙玉洁、李娜、许安琪和骆晓娟组成的东方女侠阵容,征服了诸多强手,历史上首次问鼎奥运会女子重剑团体冠军。昨日,孙玉洁、李娜和许安琪等三位女侠来到合肥学院与数百名师生一起论剑。

现场互动 女侠"过招"校园高手

昨日上午10时许,中国女子重剑夺得奥运团体金牌的三位成员乘坐中巴车来到合肥学院。刚下车,三女侠就被学生、媒体团团围住,一时无法"突围"。

合影、签名、访问,队伍中年纪最大的李娜带着两位妹妹耐心地一一满足学生的请求。随后,三位奥运冠军来到合肥学院击剑俱乐部训练馆。许安琪在馆内认真地观看训练后,问起身边的人:"这些都是学生?"得到肯定的回答后,她露出一副惊讶的表情。

为了直接感受学生的实力,孙玉洁拿起一把重剑跟一名男同学比划了起来。几个回合下来，学生并未显出劣势，"学生能有这个水平真是很吓人，有他们中国击剑运动以后一定会越来越好。"

曾在亚运会击剑比赛中获得两银一铜的合肥学院，击剑文化早已有了底蕴。当具有最高水平的击剑运动员走进这所学校时出现火爆场面，也在情理之中。"奥运所有击剑比赛都看了，印象最深的是孙玉洁那关键一剑，女子团体创造了历史，当然未来新的历史还在等着我们去创造。"学生李军说。

回忆奥运　团体夺冠靠互相信任

在伦敦奥运会上，中国女子重剑队的晋级颇为艰难，在面对世界排名第二的俄罗斯队时，依靠孙玉洁在加时赛的金剑，才以20比19绝杀对手晋级。"最后只剩24秒，当时孙玉洁击完那一剑，我真是无法形容内心的激动。压力太大了！但是只要她能正常发挥，我就觉得没问题。"回忆奥运之旅，李娜说，得来不易的冠军还要归功于安排"奇兵"许安琪。

决赛面对的是异军突起的韩国队。前三局，韩国队以7比4领先，老将李娜在第4局将比分追成9比9平。第5局，年仅20岁的小将、"奇兵"许安琪面对申雅岚毫不怯场，最终以3比1胜出。"算不上什么奇兵吧，只是教练给我安排的战术我完成了而已。说实话，第一次打这样的大赛，心里特没底，上场之前娜姐给了我信心。一个击剑运动员只要心能定下来，实力就能发挥出来。"许安琪说，赛后她和姐妹们抱在一起，哭得稀里哗啦，只因为这枚金牌得来不易。

感悟挫折　化个人赛遗憾为动力

虽然拿到了女子团体的冠军，但个人赛她们也留下了深深的遗憾。在奥运开赛前，因为中国坐拥世界排名前两位的孙玉洁和李娜，媒体一度认为,个人女子重剑项目冠军非中国选手莫属。可没想刚开赛不久,骆晓娟在32强时即遭淘汰。随后老将李娜在1/8决赛中出局。孤军奋战的孙玉洁,也没能登上最高领奖台。"个人赛需要总结的很多,当时自己的状态没有之前好,临场变化太少,越打越急,最后我们几个都没能如愿。"孙玉洁认为,遗憾的痛苦能给前进带来动力,"这届奥运拿到一金一铜,成绩还算满意吧。个人赛留下的遗憾,恰恰是动力,只希望通过自己的努力能在下届奥运会上圆梦。"

目前,孙玉洁是女子重剑世界排名第一,对于新一代领军人物的称号,她不太习惯。"我不大习惯这样的称呼,反正跟着队里的大姐姐,我觉得很快乐。"

畅谈未来　退役后仍将从事击剑

"又是叫李娜?"几位学生在一起说笑。除了击剑的李娜,人们最为熟知的是女子网球选手李娜,当然如果仔细回忆,曾经的跳水冠军同样也有一位叫李娜。对于这样的巧合,击剑运动员李娜笑了笑说:"不同领域的,都很棒。"

在击剑项目上,李娜堪称是这个时代的象征。她先后在2000年、2004年、2008年和2012年,四次征战奥运会。在相当长的一段时间里,李娜都是中国该项目的绝对一姐。在北京奥运后,李娜选择了退役,可为了征战伦敦奥运,已结婚生子的李娜再次复出,"反正运动员都挺不容易的,以后有时间一定会多陪陪家人。"

对于未来的打算,李娜说目前还不会退役,"明年在我们家乡举办全运会一定会争取参加,所以下一阶段将进入训练期,如果退役了,也会继续从事与击剑相关的工作,毕竟这是我最大的爱好。"

奥运女子重剑团体冠军与
合肥学院同学分享夺冠心得

中安在线

2012-10-21

在两个多月前举办的伦敦奥运会上,孙玉洁、李娜、骆晓娟和许安琪"四朵金花"代表中国队大胜韩国队,历史上首次问鼎奥运女重团体冠军。昨日上午,这批职业剑客以及他们的教练许学宁、赵刚来到合肥学院击剑馆,与同学们一起分享击剑和比赛心得。

"妈妈剑客"李娜:希望能参加下届奥运会

今年31岁的"妈妈剑客"李娜一路坎坷走来,这位战绩辉煌的女剑客,曾在2004年雅典奥运会前,因患胆囊炎而被告之不再适合运动,后因手腕受伤及北京奥运会失利淡出比赛舞台。

两年前,初为人母的她忍痛离开不到4个月大的孩子再度复出,并在2011年意大利击剑世锦赛上夺得金牌。在今年的伦敦奥运会上,"左撇子"李娜和队友夺得女子重剑团体金牌,创造了中国击剑队的历史,这也是这位"妈妈剑客"参加的第四届奥运会了。

昨天,李娜告诉记者:"很多人关心我下届奥运会会不会参加,这还是一个未知数,"李娜说,"因为对我来说,下届奥运会是一个挑战,4年时间对一个运动员来说,是一个很漫长的时间。我已经是个老运动员了,不管是不是参加,肯定还会从事这项运动,是不是做教练,现在没有确切的打算。"

"一剑封喉"孙玉洁:我其实只有1米85

在伦敦奥运会上,孙玉洁获得的成绩是个人第三名和团体冠军。这位现世界排名第一的女子击剑选手今年才刚刚20岁,就已取得了骄人的战绩。

昨天上午,孙玉洁回顾了伦敦奥运会上的参赛情况。在与俄罗斯的那场半决赛,孙玉洁带着4剑的优势进入最后一局,但且战且退的她不但被对手连追4剑,还在最后30多秒落后于对手1剑。绝境中,孙玉洁越战越勇,迅速扳回颓势,将比赛拖入一剑决胜,而且仅用7秒就让对手臣服。

孙玉洁说:"比赛中,我挺过了最艰难的几剑,以'一剑封喉'绝杀了对手,我要感谢我的教练和队友,这场比赛奠定了我们最终夺冠的坚实基础。而在与韩国队的决赛中,作为老对手,我们相互都非常了解,但当时并没有轻敌,还是一剑一剑去拼,最终夺得了冠军。"

昨天,校方还在大屏幕上重播了三位姑娘伦敦奥运会夺冠的一幕,其中在提到孙玉洁对阵韩国选手时,央视解说员提到:"孙玉洁在对阵韩国选手的优势还是很明显的,从身高上看,是1米92对阵1米68。""我还想更正一下刚才视频资料中的一个错误。"在发言最后,孙玉洁笑言,"我并不是1米92,我只有1米85!"

"奥运奇兵"许安琪:学篮球的来当剑客

伦敦奥运会上,作为替补出战的许安琪,半决赛对阵俄罗斯时临危受命,帮助中国队逆转,决赛中同样帮助中国队在比赛中段取得领先局面。

而昨日,话最少的就数许安琪。这位"90后"剑客,其实原先是学打篮球的,后来被体校击剑队去挑男选手的教练相中,从此开始了一边上学一边练剑的日子。许安琪说:"通过参加奥运会比赛,我懂得了什么叫坚持不懈。我通过自己的努力完成了自己的梦想。"

在与合肥学院学生剑客交流中,许安琪说,在国家队平时训练很苦,但也能找到乐趣,篮球、羽毛球、排球都有。打球就是变相的训练,也可以提高运动员的积极性和身体的灵活度。

问答

问:击剑有很大的偶然性吗?答:偶然性是有,实际上还是比拼实力和心态。

问:中国重剑男女运动员世界排名悬殊,为什么男运动员成绩普遍较低呢?

答:你不要问我们。我觉得可能是欧洲男性身体素质更好一些,"吃草长大和吃肉长大还是有点区别的"。与男队相比,女队在国外训练和比赛的机会多一些,和外教接触的时间也长一些。

奥运冠军校园论剑

《合肥晚报》 赵杰

2012—10—21

在前不久结束的伦敦奥运会上,由孙玉洁、李娜、骆晓娟和许安琪组成的中国女子重剑队,历史上首次夺得奥运会女子重剑团体冠军。赛场上,这些女剑客英姿飒爽,场下,这些女侠又有哪些鲜为人知的故事?昨天,其中的三位女剑客来到合肥学院,与数百名师生一起论剑。

奥运冠军校园"亮剑"

昨日上午10点,孙玉洁、李娜、许安琪三名女剑客如约来到合肥学院,奥运冠军们刚下车,就被学生们围住,签名、合影,女剑客们一一满足学生的要求。

随即奥运冠军们来到了学校的击剑训练馆,看到馆里一些正在训练的学生后,女剑客们纷纷伸出大拇指,许安琪甚至怀疑地问道:"这些都是学生?"既然是奥运冠军来到现场,少不了要比划两下,于是,孙玉洁与一名男同学现场"过招",在交锋了几个回合后,孙玉洁直呼学生能有此水平让她十分惊讶。

据悉,从合肥学院走出了不少击剑人才,他们曾经在亚运会的击剑比赛中获得两银一铜。

女侠回忆"伦敦时刻"

昨天在学校,三位奥运冠军回忆起了伦敦夺冠的激动时刻,相比决赛中大胜韩国,半决赛通过加时一剑险胜俄罗斯的那场比赛才是惊心动魄,"最后24秒,孙玉洁击那一剑,压力太大了,赢下来之后,我们都激动得不得了。"李娜回忆道。

说到伦敦夺冠的最大功臣,要数最年轻的许安琪,决赛对阵韩国,正是小许在双方胶着的时候拉开比分,为中国队夺冠奠定基础。"我第一次打这样的大赛,当时心里特没底,还好上场前娜姐她们都给我信心,夺冠是大家的功劳。"昨天在合肥学院,许安琪谦虚地说。

"妈妈剑客"剑指巴西

奥运冠军们退役后有何打算?面对此问题,几名女剑客都表示不会离开击剑。"妈妈剑客"李娜甚至表示:如果条件允许,她还想再参加一届奥运会。

今年31岁的李娜可谓一路坎坷,早在2004年雅典奥运会之前,就因患胆囊炎而被告知最好离开运动场。然后她一路坚持,到北京奥运会之后才暂别比赛。两年前,初为人母的她忍痛离开不到4个月大的孩子复出,并在2011年意大利击剑世锦赛上夺得金牌,直到今年在伦敦和队友们创造中国击剑队新的历史,算起来,这位"妈妈剑客"已经参加了四届奥运会了。

"下届奥运会是一个挑战,4年时间对一个运动员来说很长,如果各方面条件允许,我想再参加一届。不过就算我退役了,我肯定还会从事这项运动的。"李娜表示。

奥运冠军走进合肥学院

人民网

2012—10—23

10月20日上午,伦敦奥运女子重剑团体冠军走进合肥学院,开展了互动交流活动。

在国际剑联副主席、国家自行车击剑运动管理中心副主任、中国击剑协会副主席王伟,国家击剑队女子重剑主教练赵刚、许学宁的带领下,伦敦奥运会女子重剑队团体冠军孙玉洁、李娜、许安琪走进合肥学院,与同学们进行互动交流。安徽省体育局副局长甄国栋、省体操击剑

中心主任戴忠林、省体育局竞技体育处副处长刘弢以及合肥学院院长蔡敬民等领导出席活动。

合肥学院高度重视这次奥运冠军进校园活动，在院长蔡敬民亲自领导部署下，学院各相关部门前期做了大量准备工作。当奥运冠军李娜、孙玉洁和许安琪出现在合肥学院校园时，同学们报以阵阵掌声和欢呼声。在学院击剑俱乐部训练馆，三位奥运冠军和"总教头"不但近距离与击剑爱好者们交流，更是亲临现场手把手指导。在学院体育馆，还举行了奥运回顾、击剑对抗、现场提问、冠军签名等互动活动，现场气氛热烈。

据悉，合肥学院是一所击剑特色高校。2005年经教育部批准，合肥学院组建了高水平运动队，在全国大学生击剑比赛中多次取得优异成绩。目前，该校练习击剑的学生有500余人。

安徽校园体育俱乐部化受欢迎

《安徽日报》 陈婉婉

2013—06—19

从6月4日开始,我省各级学校将对学生进行《国家学生体质健康标准》测试,从去年的同项调查结果看,合肥学院95%的学生都达到国家大学生体能测试标准,远超85%的国家达标要求,在我省高校中也是遥遥领先。改革后推出跆拳道、双节棍、轮滑等20个俱乐部,让学生们"足不出校"尽享"花样"运动。俱乐部实行三级会员制,分别对初、中和高级会员进行分餐式教学,满足不同水平学生的需要。目前,学校体育俱乐部初准级会员7000余人,中级会员1500余人,高级会员200余人。

体育俱乐部让大学生动起来

《中国科学报》 蒋家平 潇潇 胡凡

2013—06—20

20 个体育俱乐部,近 9000 名会员;1.3 万平方米多功能体育馆,每天开放近 13 小时……

合肥学院体育俱乐部里热闹非凡。就是在这样一种氛围里,该校在校生连续多年达到国家大学生体能测试标准,俱乐部成员参与国际国内各类体育赛事共获金牌 29 枚、银牌 22 枚、铜牌 30 枚。

可喜的成绩面前,合肥学院也非常关注大学生群体身心素质下降的问题。有一项调查发现,许多大学生之所以宁肯课余时间"宅"在宿舍里上网打游戏,也不愿意参加体育锻炼,一方面是因为网络世界的精彩吸引了青年学生的注意力,另一方面也和传统的大学体育教学模式单一、不能满足学生个性化需求等现实问题密切相关。为了将青年学生从网络世界拉回现实生活,让他们愉快地走进操场、体育场馆,合肥学院从 2005 年开始探索俱乐部制体育教学改革,2007 年初在全校推广。

"改革的宗旨是通过构建俱乐部平台,实现教学内容个性化、教学形式多样化、教学安排生活化、教学管理网络化、教学评价过程化、课内课外一体化。"公共体育教学部主任许大庆介绍说,迄今全院共建有篮球、排球、足球、乒乓球、毽球、羽毛球、武术等20个俱乐部,跆拳道、大众操、健美操、太极、双节棍、轮滑、瑜伽、壁球等健身项目应有尽有。

有氧晨跑俱乐部凭借其亲民性和易操作性,在合肥学院学生中广受欢迎。"每学期网上选课时,晨跑课在2小时内400人的名额便满了。"俱乐部学生助教赵宇豪说,每周一到周五早上,都会有100多名俱乐部会员聚集在足球场进行慢跑训练。"晨跑不仅对身体有极大裨益,对毅力也是一种考验,让人乐在其中。"2012级经济系于怀东同学掩饰不住对跑步的热爱。

"瑜伽俱乐部每年大概有80%的高级会员能考到导师证。这个暑假我也会去考证,我很有信心。"2009级工业设计专业学生张惠说。2011级机械系卓越班学生周盼去年荣获第二届全国绿色运动会瑜伽比赛冠军,他告诉记者,学完瑜伽之后,同学们都夸他的气质变得好多了。

据体育教学部辅导员张锐介绍,体育教学俱乐部实行会员制,目前有初级会员7000余人,中级会员1500余人,高级会员200余人,会员人数占到全校在校生的60%。俱乐部对三级会员进行分餐式教学,满足不同水平学生的需要。目前的教学模式主要是以"传、帮、带"为主,每年会员吐故纳新时,会有10%以上的高级会员仍留在俱乐部,他们大多数成为助教,帮助老师一起训练初、中级会员。

为了给大学生提供更加优越的运动环境,合肥学院于2011年建成了面积1.3万多平方米的多功能体育馆,内含篮球、羽毛球、乒乓球、瑜伽、跆拳道、击剑等高标准健身场馆,馆内中心场地可自由切换,以应对各种球类比赛的需要。此外,学院还建设了室外标准田径场、足球场、塑胶篮球场、塑胶网球场、塑胶排球场、金属地掷球和门球比赛等场地。这些场馆每天开放时间近13个小时,为同学们提供了充足的锻炼空间。

"人生没有规定动作"

《市场星报》

2013—11—05

昨日,记者从合肥学院获悉,跳水皇后高敏在合肥结束了一系列活动后,在该院开展了"人生没有规定动作"的励志讲座,并与学生们进行了互动交流,近两百名学生到场聆听。

"人生不设限",在演讲中,有同学就该如何权衡想做的事与必做的事情的关系向老师提问。高老师耐心地解答:"人生每天都会面临各种选择,正如我书中所说,'人生没有规定动作',明白自己想要的是什么最重要。各种努力积聚在一起,才会成就今天的自己。"学生们纷纷点头表示赞同。"成功难,成功之后更难"。当被问到如何取得成功时,高敏则结合自身经历希望大家做好今天的自己,做自己愿意做的事,自我挖掘,找到自己的亮点。选择适合自己的路并坚持下去,成功就在眼前。

"每个人光鲜的背后必定有着不为人知的心酸历程"。高敏在演讲中,回忆说"就像书中所说,人生只要一路向前,就一定会看见波澜壮阔的大海"。

嗒—嗒嗒，节奏体语青春派

《安徽青年报》 郭露露 何柳

2013—12—06

"唔——哈！唔——嘿！唔——嘿哈！"伴着动感跳跃的节奏，踏起灵动舞步，现场的气氛瞬间被点燃。11月24日晚，合肥学院第一届节奏体语大赛在该校体育馆精彩上演，全校16支队伍各显其能，为大家献上了一场音乐、舞蹈、体育运动美感融为一体的视觉盛宴。

"节奏体语又称身体音乐，它是通过有节奏的，手对身体的拍打，以及脚对地面的作用而达到音乐演奏的效果。"主持人向现场的师生介绍道。

当晚的比赛开始前，16支代表队上场，共同完成了一套完整的节奏体语动作，队员们每一个手势都力到指尖、每一次拍打都干脆利落、每一次击掌都清脆响亮。

"现在开始做第七套广播体操"响起，建筑工程系的concrete队令人眼前一亮。将节奏休语排在了一套广播体操中，震耳的踏地声、整齐的拍手声、雄厚的尖叫声使观众叫绝不止。后段的剧情表演，男女双方进行了激烈的斗舞，女生天鹅般地徜徉在场地上，教育小队也毫不逊色，虽没有华丽的衣服，但丝毫没有削减他们的斗志。身着迷彩服的英勇女兵们，倒立、匍匐前进，她们狂放不羁，将不服输的精神表现得淋漓尽致。伴随节奏风格的改变，队员们迅速转化为体语舞，以手为鼓槌、双腿为鼓面，用动感十足的舞步再次 high 翻全场。最值得一提的当属夺得头筹的艺术系，黑色紧身上衣搭配银色裤子，女生束上高高的马尾，在头套和脸上彩绘的映衬下无疑是这个赛场的宠儿，格外吸引人眼球。音乐缓缓播出，她们时而随着悠扬的音乐动作柔美，时而队列整齐，在鼓点处拍打着整齐的节奏，口号响亮。

当晚的比赛吸引了大批学生前去观看。在体育馆看台二楼栏杆处观看比赛的高娟感慨良多，她向记者介绍，她的一位室友参加了这次比赛，每天晚上都有接近五小时的训练。"因为节奏体语大部分都会靠拍打身体发出声音，训练的时间久了，室友的腿和膝盖都有很深的淤青"。

比赛结束后，记者找到被队员戏称"憨憨"的建筑工程系助教郑舒晗——这次节奏体语大赛的主要负责人。她说："参加节奏体语的同学真的很不错，由于上一年啦啦操我带的他们，所以有比较熟的几个，每次训练都配合我的时间。中间有我不满意地凶过、骂过他们，不过今天他们表现得很出色，我为他们骄傲。担任他们助教期间，让我收获了很多，认识了一群单纯的大一同学，还有几个臭味相投的朋友，呵呵。"正是缘分与节奏体语大赛让一群平行线上的人有了交集。

合肥学院学子全国摘多项大奖

《合肥日报》 汪文忠 刘标

2014－01－07

  记者昨天从合肥学院获悉，在刚落幕的 2013 年中国大学生健美操艺术体操锦标赛中，合肥学院火花啦啦队一举获得多项大奖。

  据悉，本次锦标赛共吸引了来自全国各省 164 所高校、3000 余名师生参加，比赛共设 8 个项目。合肥学院是安徽省唯一参加大学组赛事的学校。

  据介绍，火花啦啦队获得了大学组节奏体语规定套路《斯卡与嘻哈》一等奖，《速度与激情》二等奖，自选套路二等奖；中国风健身舞《快乐拍拍》一等奖，傣族舞《彩云之南》二等奖，两个个人全能三等奖；啦啦操花球规定套路一等奖。还获得"最佳推广奖"、"最具风格奖"、"道德风尚奖"等奖项。

化身剑客 晨报读者昨"过招"
——晨报击剑互动昨日举办,读者现场体验击剑

《江淮晨报》 王靓

2014-04-21

弓步、冲刺、刺击……4月20日上午,参加《江淮晨报》击剑互动的读者们来到合肥学院击剑馆,"变身"剑客与高手"过招"。在这场比试中,一对父子拔得头筹,尤其是父亲,因其漂亮不失专业的姿势和高命中率,被教练评为"最有潜力的业余运动员"。

"父子兵"、"母子兵"齐上阵

8岁的丁丁是和父亲一起来参加击剑互动的,别看他年龄不大,却是个资深击剑迷。父亲张子健说,一次偶然的机会,丁丁现场观看了击剑比赛,之后就喜欢上了这项优雅的运动,这次也是丁丁央求父亲报名参加活动的。

黄震是名初二的学生,自幼喜欢舞刀弄枪,得知晨报要举行击剑互动,他迫不及待地报了名,并拉着妈妈一起来参加。见黄震在击剑场上"武"得似模似样,本打定主意做"陪客"的母亲也忍不住加入其中,与儿子对"武"。

穿上专业的击剑服猛"自拍"

跟着教练进行热身运动后,晨报击剑互动活动的队员们就要进入实战训练了,而他们也因此迎来了第一个大难题。"又是裤子、又是背心、又是外套,还有一个盔甲样的东西,怎么穿啊?"

本次活动教练,国家一级教练员、亚洲击剑锦标赛冠军获得者戴清公布了答案:"先穿剑裤,再戴护板,接着穿防刺背心,最后穿剑衣。"其实真正进入赛场,光穿击剑服是不够的,还需要穿手线,并将其与剑和专业设备相连,每逢击中目标,设备就会亮灯提示加分。

在戴老师的帮助下,读者们终于穿上了击剑服,纷纷拿出手机自拍。

实战演练引来运动员张望

"好剑!"随着一声颇具杀气的大喝,参加击剑互动的晨报读者们终于击出了第一剑,这可是他们经过一个多小时的基本功练习后,才被允许的实战演练。根据大伙儿的表现,戴老师指定丁丁父子、黄震、安大学生杨刚等人进入比赛环节。

比赛刚开始时,张子健就因为刺剑时用力过猛"飞"了出去,重重摔倒在地,但这并没有影响他之后的表现。虽是第一次练习击剑,可张子健的表现却颇有大将之风,就连在场馆另一端练习的运动员也频频回头观望。

"决战"后,丁丁父子取得胜利,父亲张子健更是得到戴清老师的盛赞:"如果你有兴趣继续练习,甚至可以参加业余击剑比赛,可以挤进前二十名。"得到教练认可,张子健乐得合不拢嘴。

丰硕成果篇

合肥学院体育俱乐部国际、国内比赛成绩汇报总一览表

获奖年月	地点	比赛名称	参赛项目	获奖等级 金牌	获奖等级 银牌	获奖等级 铜牌	获奖等级 其他名次	获奖者姓名	指导教师
2006.04	辽宁沈阳	全国冠军系列赛第二站	男子重剑个人	1				黎国介	戴清
2006.06	辽宁沈阳	全国冠军系列赛第三站	男子重剑个人	1				黎国介	戴清
2006.07	天津	全国冠军赛总决赛	男子重剑个人		1			黎国介	戴清
2006.08	广东广州	全国击剑锦标赛	男子重剑个人	1				崔红友	戴清
2006.10	西安文理学院	第十二届全国大学生击剑锦标赛	男子甲组重剑个人	1				崔红友	戴清、孙俊伟
2006.10	西安文理学院	第十二届全国大学生击剑锦标赛	男子甲组重剑个人			1		赵帅	戴清、孙俊伟
2006.10	西安文理学院	第十二届全国大学生击剑锦标赛	男子甲组重剑个人				5	许僮生	戴清、孙俊伟
2006.10	西安文理学院	第十二届全国大学生击剑锦标赛	女子甲组重剑个人	1				李雯	戴清、孙俊伟
2006.10	西安文理学院	第十二届全国大学生击剑锦标赛	女子甲组重剑个人		1			赵倩倩	戴清、孙俊伟
2006.10	西安文理学院	第十二届全国大学生击剑锦标赛	女子甲组重剑个人			1		张杜	戴清、孙俊伟
2006.10	西安文理学院	第十二届全国大学生击剑锦标赛	女子甲组重剑个人				5	张晨晨	戴清、孙俊伟
2006.10	西安文理学院	第十二届全国大学生击剑锦标赛	女子甲组重剑个人				6	郑丽	戴清、孙俊伟

续表

获奖年月	地点	比赛名称	参赛项目	金牌	银牌	铜牌	其他名次	获奖者姓名	指导教师
2006.10	西安文理学院	第十二届全国大学生击剑锦标赛	女子甲组重剑个人				8	陈晓兰	戴清、孙俊伟
2006.10	西安文理学院	第十二届全国大学生击剑锦标赛	女子乙组重剑个人				8	沈鑫平	戴清、孙俊伟
2006.10	西安文理学院	第十二届全国大学生击剑锦标赛	男子丙组重剑个人	1				焦云龙	戴清、孙俊伟
2006.10	西安文理学院	第十二届全国大学生击剑锦标赛	男子丙组重剑个人		1			张越	戴清、孙俊伟
2006.10	西安文理学院	第十二届全国大学生击剑锦标赛	男子丙组重剑个人			1		张宇	戴清、孙俊伟
2006.10	西安文理学院	第十二届全国大学生击剑锦标赛	男子丙组重剑个人				5	鲁川	戴清、孙俊伟
2006.10	西安文理学院	第十二届全国大学生击剑锦标赛	男子丙组重剑团体				6	崔红友、陆海波、徐星星、赵帅	戴清、孙俊伟
2006.10	西安文理学院	第十二届全国大学生击剑锦标赛	女子甲组重剑团体	1				李雯、赵倩倩、张杜、陈晓兰	戴清、孙俊伟
2006.10	西安文理学院	第十二届全国大学生击剑锦标赛	男子甲组重剑团体	1				焦云龙、张越、黎国介、鲁川	戴清、孙俊伟
2007.04	北京	全国冠军赛系列赛第二站	男子重剑个人	1				黎国介	戴清
2007.04	土耳其贝莱克	世界青年击剑锦标赛	男子重剑个人			1		焦云龙	戴清
2007.06	圣伊希德罗	世界杯阿根廷站	男子重剑个人		1			黎国介	戴清
2007.07	北京	全国冠军赛总决赛	男子重剑个人	1				黎国介	戴清
2007.11	上海金融学院	第十三届全国大学生击剑锦标赛	男子甲组重剑个人		1			张琪	戴清、孙俊伟
2007.11	上海金融学院	第十三届全国大学生击剑锦标赛	男子甲组重剑个人				5	柏洋	戴清、孙俊伟

续表

获奖年月	地点	比赛名称	参赛项目	获奖等级 金牌	获奖等级 银牌	获奖等级 铜牌	获奖等级 其他名次	获奖者姓名	指导教师
2007.11	上海金融学院	第十三届全国大学生击剑锦标赛	男子甲组重剑个人				8	高杰	戴清、孙俊伟
2007.11	上海金融学院	第十三届全国大学生击剑锦标赛	女子丙组重剑个人	1				尹明芳	戴清、孙俊伟
2007.11	上海金融学院	第十三届全国大学生击剑锦标赛	女子丙组重剑个人				6	刘瑶颖	戴清、孙俊伟
2007.11	上海金融学院	第十三届全国大学生击剑锦标赛	男子丙组重剑个人			1		焦云龙	戴清、孙俊伟
2007.11	上海金融学院	第十三届全国大学生击剑锦标赛	男子丙组重剑个人				5	张越	戴清、孙俊伟
2007.11	上海金融学院	第十三届全国大学生击剑锦标赛	男子丙组重剑个人				7	汪光磊	戴清、孙俊伟
2007.11	上海金融学院	第十三届全国大学生击剑锦标赛	女子甲组重剑团体	1				赵倩倩、郭云亚、张晨、王腾	戴清、孙俊伟
2007.11	上海金融学院	第十三届全国大学生击剑锦标赛	男子丙组重剑团体	1				焦云龙、张越、王森、汪光磊	戴清、孙俊伟
2007.11	上海金融学院	第十三届全国大学生击剑锦标赛	女子丙组重剑团体	1				张琪、柏洋、张庆庆、高杰	戴清、孙俊伟
2007.11	上海金融学院	第十三届全国大学生击剑锦标赛	女子甲组重剑个人	1				尹明芳、刘瑶颖、沈鑫平、赵倩倩	戴清、孙俊伟
2007.11	上海金融学院	第十三届全国大学生击剑锦标赛	女子甲组重剑个人		1			赵倩倩	戴清、孙俊伟
2007.11	上海金融学院	第十三届全国大学生击剑锦标赛	女子甲组重剑个人			1		郭云亚	戴清、孙俊伟
2007.11	上海金融学院	第十三届全国大学生击剑锦标赛	女子甲组重剑个人			1		张晨	戴清、孙俊伟
2008.04	泰国曼谷	亚洲击剑锦标赛	男子重剑个人			1		黎倩介	戴清
2008.07	澳门大学	澳门大学杯亚洲大学生击剑精英赛	男子甲组重剑个人	1				鲁川	戴清
2008.11	中山大学珠海校区	第十四届全国大学生击剑锦标赛	男子甲组重剑个人	1				刘磊	戴清
2008.11	中山大学珠海校区	第十四届全国大学生击剑锦标赛	男子甲组重剑个人			1		黄宗兵	戴清

续表

获奖年月	地点	比赛名称	参赛项目	金牌	银牌	铜牌	其他名次	获奖者姓名	指导教师
2008.11	中山大学珠海校区	第十四届全国大学生击剑锦标赛	女子甲组重剑个人					林芸	戴清
2008.11	中山大学珠海校区	第十四届全国大学生击剑锦标赛	女子甲组重剑个人			1	5	郭云亚	戴清
2008.11	中山大学珠海校区	第十四届全国大学生击剑锦标赛	女子甲组重剑个人				6	赵俊	戴清
2008.11	中山大学珠海校区	第十四届全国大学生击剑锦标赛	男子乙组重剑个人		1	1		沈鑫平	戴清
2008.11	中山大学珠海校区	第十四届全国大学生击剑锦标赛	男子丙组重剑个人					黎国介	戴清
2008.11	中山大学珠海校区	第十四届全国大学生击剑锦标赛	男子丙组重剑个人			1	5	王森	戴清
2008.11	中山大学珠海校区	第十四届全国大学生击剑锦标赛	男子丙组重剑个人				7	张越	戴清
2008.11	中山大学珠海校区	第十四届全国大学生击剑锦标赛	男子丙组重剑个人	1			8	张宇	戴清
2008.11	中山大学珠海校区	第十四届全国大学生击剑锦标赛	女子丙组重剑个人		1			焦云龙	戴清
2008.11	中山大学珠海校区	第十四届全国大学生击剑锦标赛	女子丙组重剑个人			1		尹明芳	戴清
2008.11	中山大学珠海校区	第十四届全国大学生击剑锦标赛	男子甲组重剑团体	1				黄宗兵、刘磊、汤初、张庆庆	戴清
2008.11	中山大学珠海校区	第十四届全国大学生击剑锦标赛	女子甲组重剑团体	1				郭云亚、赵俊、梁艳、杨洁敏	戴清
2008.11	中山大学珠海校区	第十四届全国大学生击剑锦标赛	男子丙组重剑团体	1				黎国介、王森、汪光磊、焦云龙	戴清
2008.11	中山大学珠海校区	第十四届全国大学生击剑锦标赛	女子丙组重剑团体	1				尹明芳、刘倩、刘瑶颖、林芸	戴清
2009.11	上海建桥学院	第十五届全国大学生击剑锦标赛	男子甲组重剑个人	1				杨盛镇	戴清

续表

获奖年月	地点	比赛名称	参赛项目	获奖等级 金牌	银牌	铜牌	其他名次	获奖者姓名	指导教师
2009.11	上海建桥学院	第十五届全国大学生击剑锦标赛	女子丙重剑个人	1				尹明芳	戴清
2009.11	上海建桥学院	第十五届全国大学生击剑锦标赛	男子甲组重剑团体	1				杨盛慎等	戴清
2009.11	上海建桥学院	第十五届全国大学生击剑锦标赛	女子丙重剑团体	1				尹明芳等	戴清
2009.11	上海建桥学院	第十五届全国大学生击剑锦标赛	男子丙重剑团体		1			王森等	戴清
2009.11	上海建桥学院	第十五届全国大学生击剑锦标赛	女子甲组重剑个人		1			刘瑶颖	戴清
2009.11	上海建桥学院	第十五届全国大学生击剑锦标赛	女子丙组重剑团体		1			郭云亚等	戴清
2009.11	上海建桥学院	第十五届全国大学生击剑锦标赛	男子丙组重剑个人			1		王森	戴清
2009.11	上海建桥学院	第十五届全国大学生击剑锦标赛	男子甲组重剑个人			1		黄宗兵	戴清
2009.11	上海建桥学院	第十五届全国大学生击剑锦标赛	女子甲组重剑个人	1				郭云亚	戴清
2010.11	上海金融学院	第十六届全国大学生击剑锦标赛	男子丙组重剑个人			1		黄宗兵	戴清
2010.11	上海金融学院	第十六届全国大学生击剑锦标赛	男子丙组重剑个人			1		王涛	戴清
2010.11	上海金融学院	第十六届全国大学生击剑锦标赛	男子甲组重剑个人				6	缪家燕	戴清
2010.11	上海金融学院	第十六届全国大学生击剑锦标赛	女子甲组重剑个人			1		杨盛慎	戴清
2010.11	上海金融学院	第十六届全国大学生击剑锦标赛	女子乙组重剑个人				6	胡园园	戴清
2010.11	上海金融学院	第十六届全国大学生击剑锦标赛	男子丙组重剑个人			1		韩月	戴清
2010.11	上海金融学院	第十六届全国大学生击剑锦标赛	男子丙组重剑个人				5	张樾	戴清
2010.11	上海金融学院	第十六届全国大学生击剑锦标赛	男子丙组重剑个人				6	汪光磊	戴清
2010.11	上海金融学院	第十六届全国大学生击剑锦标赛	女子丙组重剑个人	1				焦云龙	戴清
2010.11	上海金融学院	第十六届全国大学生击剑锦标赛	女子丙组重剑个人			1		刘瑶颖	戴清
2010.11	上海金融学院	第十六届全国大学生击剑锦标赛	女子丙组重剑个人			1		刘倩	戴清

丰硕成果篇

续表

获奖年月	地点	比赛名称	参赛项目	金牌	银牌	铜牌	其他名次	获奖者姓名	指导教师
2010.11	上海金融学院	第十六届全国大学生击剑锦标赛	男子甲组重剑团体	1				郭忠柱、黄宗兵、杨盛慎、缪家燕	戴清
2010.11	上海金融学院	第十六届全国大学生击剑锦标赛	女子甲组重剑团体		1			何丹、胡园园、潘蕾、闫梅	戴清
2010.11	上海金融学院	第十六届全国大学生击剑锦标赛	男子丙组重剑团体		1			焦云龙、戴蓉、汪光磊、张越	戴清
2010.11	上海金融学院	第十六届全国大学生击剑锦标赛	女子丙组重剑团体			1		韩玥、林芸、刘倩、刘瑶颖	戴清
2010.11	广州大学	第十六届亚运会	男子重剑个人		1			黎国介	戴清
2010.11	广州大学	第十六届亚运会	男子重剑团体			1		黎国介、王森	戴清
2010.11	广州大学	第十六届亚运会	女子重剑团体		1			尹明芳	戴清
2011.02	卡塔尔多哈	2011击剑世界杯卡塔尔站	女子团体	1				尹明芳	戴清
2011.05	中国科技大学	2011安徽省舞蹈锦标赛	团体B组拉丁舞	1				马晓龙、汪涛、陈红梅、李庆等	汪俊
2011.07	韩国首尔	2011韩国击剑亚锦赛	女子个人			1		黎国介、王森	戴清
2011.07	韩国首尔	2011韩国击剑亚锦赛	男子团体		1			黎国介、王森	戴清
2011.07	韩国首尔	2011韩国击剑亚锦赛	男子个人			1		黎国介	戴清
2011.08	广东深圳	第26届世界大学生夏季运动会	女子团体				6	尹明芳	戴清
2011.09	江苏徐州	2011全国击剑冠军总决赛	女子个人			1		尹明芳	戴清
2011.09	江苏徐州	2011全国击剑冠军总决赛	女子团体	1				尹明芳等	戴清

续表

获奖年月	地点	比赛名称	参赛项目	获奖等级 金牌	获奖等级 银牌	获奖等级 铜牌	获奖等级 其他名次	获奖者姓名	指导教师
2011.09	安徽医科大学	2011年安徽省大学生体育舞蹈比赛	集体舞					马晓龙、王瑜、庄纪军等	汪俊
2011.10	江西南昌	第七届全国城市运动会男子重剑	男子个人	1			4	江晨阳	戴清
2011.11	中山大学	第十七届全国大学生击剑锦标赛	男子甲组团体	1				郭忠柱	戴清
2011.11	中山大学	第十七届全国大学生击剑锦标赛	男子丙组团体		1			戴睿等	戴清
2011.11	中山大学	第十七届全国大学生击剑锦标赛	女子丙组团体		1			周彤、刘倩等	戴清
2011.11	中山大学	第十七届全国大学生击剑锦标赛	男子乙组团体			1		吴咸仓	戴清
2011.11	中山大学	第十七届全国大学生击剑锦标赛	女子乙组团体			1		樊利、韩玥等	戴清
2011.11	中山大学	第十七届全国大学生击剑锦标赛	女子团体甲组				6	秦鑫、武冶恩等	戴清
2011.11	中山大学	第十七届全国大学生击剑锦标赛	男子甲组团体		1			韩娟、潘蕾等	戴清
2011.11	中山大学	第十七届全国大学生击剑锦标赛	女子个人丙组		1			李保国、王杰杰等	戴清
2011.11	中山大学	第十七届全国大学生击剑锦标赛	男子甲组个人			1		刘瑶颖	戴清
2011.11	中山大学	第十七届全国大学生击剑锦标赛	男子丙组个人		1			刘倩	戴清
2011.11	中山大学	第十七届全国大学生击剑锦标赛	男子丙组个人	1				李保国	戴清
2011.11	安徽工程大学	2011年安徽省大学生篮球联赛暨CUBA安徽选拔赛	男子篮球队				体育道德风尚奖	张绪君等	胡世祺、董成文
2011.11	安徽工程大学	2011年安徽省大学生篮球联赛暨CUBA安徽选拔赛	女子篮球队				体育道德风尚奖	陈远路等	胡世祺、董成文

续表

获奖年月	地点	比赛名称	参赛项目	金牌	银牌	铜牌	其他名次	获奖者姓名	指导教师
2011.11	安徽农业大学	2011年安徽省大学生羽毛球锦标赛	男子双打				7	李广飞、唐进	陈丽娟
2011.12	江南大学	2011年全国啦啦操锦标赛总决赛	花球		1			赖易辉、赵学洋等	周瑞英、汤群
2012.10	安徽池州	第二届全国绿色运动健身大会	男子单人	1				周盼	汪虹、杨丽
2012.10	安徽体育运动职业技术学院	安徽省第十届健美操锦标赛	大众组双人项目	1				高云、赵学洋	周瑞英
2012.10	安徽体育运动职业技术学院	安徽省第十届健美操锦标赛	大众组5—12人项目		1			高云、张欣妍等	周瑞英
2012.10	安徽体育运动职业技术学院	安徽省第十届健美操锦标赛	大众组男子单人	1				赵学洋	周瑞英
2012.11	深圳湾体育中心	第十八届全国大学生击剑锦标赛	男子甲组重剑团体					李保国、王涛、黄健、王杰杰、李保国	戴清、汪光磊
2012.11	深圳湾体育中心	第十八届全国大学生击剑锦标赛	男子甲组重剑个人			1		潘蕾等	戴清、汪光磊
2012.11	深圳湾体育中心	第十八届全国大学生击剑锦标赛	女子甲组重剑团体				4	潘蕾、梁学栋等	戴清、汪光磊
2012.11	深圳湾体育中心	第十八届全国大学生击剑锦标赛	男子乙组重剑团体			1		刘倩	戴清、汪光磊
2012.11	深圳湾体育中心	第十八届全国大学生击剑锦标赛	女子丙组重剑个人	1				许晶晶、江晨阳、吴咸仓、戴睿	戴清、汪光磊
2012.11	深圳湾体育中心	第十八届全国大学生击剑锦标赛	男子丙组重剑个人				7	许晶晶	戴清、汪光磊

续表

获奖年月	地点	比赛名称	参赛项目	金牌	银牌	铜牌	其他名次	获奖者姓名	指导教师
2012.11	深圳湾体育中心	第十八届全国大学生击剑锦标赛	女子乙组重剑团体				7		戴清、汪光磊
2012.11	深圳湾体育中心	第十八届全国大学生击剑锦标赛	男子丙组重剑个人			1		黄健	戴清、汪光磊
2012.11	深圳湾体育中心	第十八届全国大学生击剑锦标赛	男子乙组重剑个人				8	董祥	戴清、汪光磊
2012.11	安徽大学	安徽省大学生健美操比赛	甲组女子单人操			1		袁继赟	周瑞英
2012.11	安徽大学	安徽省大学生健美操比赛	甲组混合双人操				7	袁继赟、付菲菲等	周瑞英
2012.11	安徽大学	安徽省大学生健美操比赛	甲组三人操				7	付菲菲、张欣妍等	周瑞英
2012.11	安徽大学	安徽省大学生健美操比赛	甲组七人操				7	高云、赵学洋	周瑞英
2012.12	合肥工业大学	2012年安徽省大学生篮球联赛暨CUBA安徽省选拔赛	男子				5	高玮、彭涛等	胡世祺
2012.12	合肥工业大学	2012年安徽省大学生篮球联赛暨CUBA安徽省选拔赛	女子		1		4	万乐、王琦等	董成文、胡世祺
2012.12	江苏常州	2012年全国啦啦操总决赛	大学组花球2级				4	袁继赟、高云等	周瑞英、汤群
2012.12	江苏常州	2012年全国啦啦操总决赛	大学组花球规定动作（全女）				4	袁继赟、高云等	周瑞英、汤群
2013.03	俄罗斯喀山	击剑世界杯	男子重剑团体				6	江晨阳	戴清
2013.03	上海	全国击剑冠军赛	男子重剑个人		1			江晨阳	戴清
2013.03	上海	全国击剑冠军赛	男子重剑团体			1		江晨阳	戴清
2013.04	安徽医科大学	2013年在华留学生"留动中国"安徽省选拔赛	篮球三对三				4	高光健（中）、贾德仁（韩）等	董成文
2013.04	安徽医科大学	2013年在华留学生"留动中国"安徽省选拔赛	定向越野	1				金丽珍（韩）、贾德仁（韩）等	汪征

续表

获奖年月	地点	比赛名称	参赛项目	金牌	银牌	铜牌	其他名次	获奖者姓名	指导教师
2013.04	安徽医科大学	2013年在华留学生"留动中国"安徽省选拔赛	形体展示		1			金丽珍(韩)、李桃颖(韩)等	周瑞英
2013.05	上海	全国冠军赛总决赛	男子重剑团体				6	江晨阳	戴清
2013.05	安徽天长	安徽省首届茉莉花全民健身展示大赛	瑜伽男子单人	1				周盼	汪虹、杨丽
2013.05	安徽天长	安徽省首届茉莉花全民健身展示大赛	瑜伽双人混合	1				周盼、张惠	汪虹、杨丽
2013.05	安徽天长	安徽省首届茉莉花全民健身展示大赛	瑜伽女子单人		1			张惠	汪虹、杨丽
2013.06	江苏省昆山市	全国击剑锦标赛	男子重剑个人		1			江晨阳	戴清
2013.06	江苏省昆山市	全国击剑锦标赛	男子重剑团体			1		江晨阳	戴清
2013.07	安徽蚌埠	2013年全国啦啦操联赛(蚌埠站)	大学组技巧啦啦操规定动作一级	1				徐炙、何情、林云珍等	周瑞英、汤群
2013.07	安徽蚌埠	2013年全国啦啦操联赛(蚌埠站)	大学组啦啦操舞蹈爵士规定动作		2			王倩、袁跃荣、何宁菁	周瑞英、汤群
2013.07	安徽蚌埠	2013年全国啦啦操联赛(蚌埠站)	大学组花球啦啦舞蹈自选动作二级	1				袁怡、李逸梅、杨亚茹等	周瑞英、汤群
2013.07	沈阳航空航天大学	世界大学生运动会	男子重剑个人		1			江晨阳	戴清
2013.08	沈阳航空航天大学	全国第十二届运动会	男子重剑个人				6	江晨阳	戴清
2013.08	沈阳航空航天大学	全国第十二届运动会	男子重剑团体		1			江晨阳	戴清
2013.10	安徽池州	第三届全国绿色运动健身大会	瑜伽男子单人组			1		周盼	汪虹、杨丽

续表

获奖年月	地点	比赛名称	参赛项目	获奖等级 金牌	获奖等级 银牌	获奖等级 铜牌	获奖等级 其他名次	获奖者姓名	指导教师
2013.10	安徽池州	第三届全国绿色运动健身大会	瑜伽混合双人组			1		周盼、王莹	汪虹、杨丽
2013.10	安徽池州	第三届全国绿色运动健身大会	瑜伽集体组			1		汪德翠、崔碧竹、石婷婷、钱露	汪虹、杨丽
2013.10	合肥世界外国语学校	安徽省第十一届健美操锦标赛	大众女单高校组	1				谢洁楠	周瑞英、汤群
2013.10	合肥世界外国语学校	安徽省第十一届健美操锦标赛	8—24人啦啦操高校组花球无级别	1				张莎、何倩、袁恰、程慧、张雪盈、吴金鑫等	周瑞英、汤群
2013.10	合肥世界外国语学校	安徽省第十一届健美操锦标赛	竞技5人组高校组		1			张亭亭、裴丽娜、田甜、朱雨年等	周瑞英、汤群
2013.11	上海金融学院	第十九届全国大学生击剑锦标赛	男子甲组重剑团体		1			董祥、高祥龙、严海洋、曹春	戴清、汪光磊
2013.11	上海金融学院	第十九届全国大学生击剑锦标赛	男子甲组重剑个人		1			董祥	戴清、汪光磊
2013.11	上海金融学院	第十九届全国大学生击剑锦标赛	男子甲组重剑个人				5	高祥龙	戴清、汪光磊
2013.11	上海金融学院	第十九届全国大学生击剑锦标赛	男子乙组重剑团体				5	秦鑫、梁学栋、戴睿、杨王正帅	戴清、汪光磊
2013.11	上海金融学院	第十九届全国大学生击剑锦标赛	男子乙组重剑个人				8	梁学栋	戴清、汪光磊
2013.11	上海金融学院	第十九届全国大学生击剑锦标赛	男子丙组重剑团体			1		江晨阳、许晶晶、吴咸仓	戴清、汪光磊
2013.11	上海金融学院	第十九届全国大学生击剑锦标赛	女子甲组重剑团体				5	芮一雪、方妏、胡绪红、徐肉肉	戴清、汪光磊

续表

获奖年月	地点	比赛名称	参赛项目	获奖等级 金牌	获奖等级 银牌	获奖等级 铜牌	其他名次	获奖者姓名	指导教师
2013.12	安徽合肥	2012安徽省大学生篮球联赛	男队			1		高玮、王文彬、王潇、曹之玮、高光健、彭涛、吴锡、崔群、殷浩鑫、吕作林	董成文、胡世琪
2013.12	安徽合肥	2012安徽省大学生篮球联赛	女队		1			张秀、赵配婧、段令秀、魏德林、张平、路倩、李苗苗、王玉茹、浦颖、赛甘苦雨、鲍娜娜	董成文、胡世琪
2013.12	北京大学	2013年中国大学生健美操艺术体操锦标赛	中国风健身舞大学生组个人全能			1		张莎	周瑞英、汤群
2013.12	北京大学	2013年中国大学生健美操艺术体操锦标赛	花球规定动作普通院校组	1				张莎、何倩、程思、袁怡等	周瑞英、汤群
2013.12	北京大学	2013年中国大学生健美操艺术体操锦标赛	中国风健身舞大学生组个人全能			1		张雪瑶	周瑞英、汤群
2013.12	北京大学	2013年中国大学生健美操艺术体操锦标赛	中国风健身舞大学生组彩云之南		1			张莎、张雪瑶、何倩、谢洁楠	周瑞英、汤群
2013.12	北京大学	2013年中国大学生健美操艺术体操锦标赛	中国风健身舞大学生组快乐拍拍	1				袁怡、程思、吴金鑫、杨雅茹、邓文静	周瑞英、汤群

续表

获奖年月	地点	比赛名称	参赛项目	获奖等级 金牌	获奖等级 银牌	获奖等级 铜牌	获奖等级 其他名次	获奖者姓名	指导教师
2013.12	北京大学	2013年中国大学生健美操艺术体操锦标赛	节奏体语大学组自选动作小集体		1			张莎、何倩、袁雪瑶、程思、吴金鑫等	周瑞英、汤群
2013.12	北京大学	2013年中国大学生健美操艺术体操锦标赛	节奏体语大学组小集体斯卡与嘻哈	1				张莎、何倩、袁雪瑶、程思、吴金鑫等	周瑞英、汤群
2014.05	安徽安庆	安徽省第十三届运动会	高校部女子篮球甲组			1		张秀、王玉茹、张平等	
2014.05	安徽安庆	安徽省第十三届运动会	高校部羽毛球男子双打	1				曾执钧、李胡宝	王明波
2014.05	安徽安庆	安徽省第十三届运动会	高校部男子排球甲组		1			朱伟辰、刘阳、李济同等	汪虹、陈健
2014.06	中国科技大学	安徽省大学生活力运动季	网球	1				马晓龙、王杰、谷雨等	王汝田
2014.06	江西宜春	2014年中国大学生体育舞蹈院校组艺术表演舞	普通院校组艺术表演舞		1			马晓龙、王杰、谷雨等	汪俊
2014.06	江西宜春	2014年中国大学生体育舞蹈锦标赛	大学普通院校组恰恰团体舞				5	马晓龙、王杰、谷雨等	汪俊
2014.06	江西宜春	2014年中国大学生体育舞蹈锦标赛	大学普通院校组单项恰恰		1			马晓龙、柯思雨	汪俊
2014.06	江西宜春	2014年中国大学生体育舞蹈锦标赛	大学普通院校组单项伦巴				6	马晓龙、柯思雨	汪俊
合计				55	41	45	50		

合肥学院体育俱乐部大事记

2005.09.25	合肥学院基础部上报体育俱乐部制改革实施方案。
2006.02.28	合肥学院体育教学改革试点工作在黄山路校区展开。
2006.04.21	合肥学院下发院政办【2006】48号文:《关于进行公共体育课改革的决定》。
2006.08.24	安徽省教育厅下发教秘高【2006】62号文,正式批准合肥学院《大学体育俱乐部教学改革》省级重点教研课题立项申请。
2006.08.28	自主研发的合肥学院体育俱乐部计算机管理系统投入使用,俱乐部课程不再进入教务排课系统。
2006.09.14	黄山路、南艳湖两校区共成立14个体育教学俱乐部,俱乐部主任由学生担任。各俱乐部在教师的指导下开展活动和竞赛。
2006.09.15	为配合学院体育俱乐部晨练课程的安排,院学生处取消多年来一直坚持的新生早广播操。
2007.03.15	为协调各俱乐部活动,合肥学院体育俱乐部管理中心成立。
2007.11—12	为检验俱乐部改革成果,俱乐部管理中心与各俱乐部首次组织了规模空前的俱乐部联赛和其他活动。至此,大量的俱乐部赛会与活动成为合肥学院校园体育的常态。

2007.12.10	合肥学院院长办公会专题听取基础部关于大学体育课程教学俱乐部制改革阶段性总结情况汇报。会上,基础部提出修改后的《合肥学院大学体育课程教学俱乐部制改革实施方案》并获得通过。
2011.03.30	根据合肥学院事业发展需要,经合肥学院院党政联席会议研究决定,对学院内设机构作相应调整,正式成立公共体育教学部。
2012.04.11	为进一步加强体育俱乐部管理,合肥学院学生体育俱乐部联盟成立。
2008.06	体育俱乐部制改革获合肥学院教学成果特等奖。
2008.08	合肥学院体育俱乐部制改革获安徽省省级教学成果一等奖。
2014.09	以安徽省重大教学研究课题立项为标志,启动基于体育俱乐部制改革的合肥学院大学体育管理体制综合改革。

后 记

　　2005年,时任副院长的蔡敬民教授率先在我校提出了改革大学体育课的设想。具体来说就是改革体育课,实行俱乐部制。学生根据自己的兴趣爱好选择自己喜爱的体育俱乐部。当时提出的改革理念是"弘扬体育精神,培养健康意识,学会健身方法,养成锻炼习惯"。随后,基础部负责人许大庆等人开始在黄山路校区进行了尝试,第二年,在认真总结的基础上,开始在全校铺开。

　　虽然,大学体育课的改革之初也曾经受到过社会有关人士、学校少数教师的质疑,但是,我们坚持边改革边规范、边总结边完善,在改革中规范,在规范中改革,经过十年的不懈努力,终于取得了初步成果,近几年,已有近两百所学校专程来校考察大学体育俱乐部制改革情况。

　　为了进一步总结我校的大学体育俱乐部制改革,在学校领导的大力支持下,我们借第二十届全国大学生击剑锦标赛在我校开赛之际,由邵一江提出编写《大学体育课的改革、创新与实践——合肥学院体育俱乐部改革十年》创意,得到学校主要领导和分管领导的大力支持,随后邵一江、许大庆、白义香、余国江等人共同拟订编写框架,组织有关教师和新闻中心学生记者认真撰写,经过编委会成员近一年的努力,终于如期完成,当然,由于水平有限,本书仍存在一些不尽如人意的地方,欢迎广大读者批评指正。

本书的编写得到了北京师范大学出版集团安徽大学出版社的大力支持,在此,我们表示衷心感谢。

编　者

2014 年 11 月